SOBREHUMANO

Laura Ayala

© Todos los derechos reservados para:

Laura Ayala

lauraayala.sobrehumano@gmail.com

Prohibida su reproducción total o parcial sin autorización del autor

Edición, Diseño y Diagramación:
REDACTRÓNICA
redactronica@gmail.com

Contenido

Agradecimientos 4

Reflexión 6

Prólogo: El Momento de Decisión 7

Capítulo 1: Infancia de Limitaciones 47

Capítulo 2: La lucha por ser diferente 71

Capítulo 3: El Camino del Sacrificio 104

Capítulo 4: El Despertar 148

Capítulo 5: La Construcción de una Nueva Vida 186

Capítulo 6: La Cruzada por Ayudar a Otros 223

Capítulo 7: El Legado para Mis Hijos 258

Capítulo 8: El poder de una mentalidad feliz 277

Epílogo: Continuando el Viaje 303

Agradecimientos

A Marco Gentile. Más que un editor, eres un ejemplo de resiliencia, humanidad y pasión. Trabajar contigo ha sido un honor que marcó mi vida para siempre.

En cada página de este libro está tu paciencia infinita, tu dedicación y ese carisma que transforma lo ordinario en extraordinario.

Tu lucha incansable contra la enfermedad más feroz no ha apagado la luz con la que iluminas a quienes tienen la suerte de conocerte. Eres un maestro de la humildad y un gigante de la resiliencia.

El legado que dejas en nuestras mentes y corazones permanecerá, incluso cuando el tiempo siga su curso.

Si un día este libro llega a las manos de alguien, quiero que sepan que fue moldeado por tus manos firmes y generosas, incluso mientras enfrentabas la adversidad con una dignidad que nos obliga a quitarnos el sombrero.

Gracias por recordarme que la pasión y el compromiso son más fuertes que cualquier barrera, y que el servicio a los demás es el verdadero propósito de nuestra existencia.

lauraayala.sobrehumano@gmail.com

A mi abuela paterna, a quien nunca conocí, pero cuya esencia siento palpitante en cada rincón de mi ser.

Tu cultura, tu historia y tu fuerza son parte de lo que soy, aunque jamás tuve el regalo de tus caricias y tus relatos.

Mi profundo deseo es llegar algún día a esas tierras de Oriente donde naciste, tierras que tanto representan para mí. Quiero vivir tu legado y continuar honrando tu memoria.

Te amo profundamente, aunque nuestra conexión haya existido solo en mi anhelo espiritual.

lauraayala.sobrehumano@gmail.com

Reflexión

Este libro es un compendio de historias, pero más que eso, es un tributo a la vida, al amor y a la lucha.

Marco y yo compartimos un profundo aprecio por cada segundo de existencia y por el impacto que dejamos en el camino.

Desde la portada hasta la última letra, este libro está lleno de personas que, aunque físicamente puedan faltar, permanecerán siempre presentes.

A los lectores: valoren la vida, aprecien cada momento y encuentren en cada lucha una oportunidad para crecer y servir.

Este libro, diferente en cada sentido, es un homenaje a lo eterno en todos nosotros.

lauraayala.sobrehumano@gmail.com

Prólogo: El Momento de Decisión

Para mí, no hay mayor satisfacción que ver la felicidad brillando en los rostros de quienes cruzan mi camino. Es como si cada sonrisa fuera un pequeño rayo de sol, que ilumina el día. Con el tiempo, he ido descubriendo que mi propia felicidad está íntimamente ligada a la alegría de los demás.

Es un hecho. Cuando compartimos vivencias y nos conectamos con una energía positiva, ¡todo se vuelve más próspero y abundante! Amo ser una persona que ayuda a otras a encontrar su propia felicidad, porque cuando las personas están en paz y sonríen, ¡Todo en la vida fluye como un manantial de energía positiva! Las relaciones, los proyectos... todo parece elevarse.

En mi trabajo, llevo esta filosofía en cada paso que doy. Los clientes saben reconocer la autenticidad; entienden cuándo una sonrisa es real y cuándo alguien está dispuesto a dar lo mejor. Aprecio

lauraayala.sobrehumano@gmail.com

profundamente la claridad, la justicia y el trabajo bien hecho, y eso me impulsa en cada operación. Esta forma de vivir y trabajar es lo que procuro impulsar en mi equipo y en quienes me rodean: disfrutar cada momento, reír juntos, y ser parte de algo significativo, sin perder nunca el profesionalismo que nos diferencia. ¡Los clientes distinguen lo genuino!

Recuerdo vívidamente aquel día de finales de agosto, como si fuera la escena de una película que nunca podría olvidar. Yo estaba dando mis primeros pasos titubeantes en el mundo inmobiliario, sintiéndome como un pajarito mojado y desorientado, con ganas de volar, pero con más letargo que energía.

¡A veces pensaba que me confundían con un simple afiche en lugar de un agente inmobiliario! Sin embargo, había una certeza que me mantenía en pie: algo, o alguien —quizás mis ángeles— estaba guiando mis pasos. ¡No sé si era el mucho café que tomaba, o si era el destino, pero algo me decía que esto era el inicio de una gran aventura!

lauraayala.sobrehumano@gmail.com

Aún no había logrado mi primera venta, pero con esa mezcla de temor y emoción que sienten los valientes al enfrentarse a lo desconocido, decidí abrir la página de *Dueños Vende*. Un sitio donde los propietarios listaban sus casas para venderlas sin intermediarios. Me puse a buscar propiedades con potencial de venta, esperando encontrar la "casa" perfecta que pudiera ofrecer a mis primeros clientes.

Mis compañeros de trabajo me habían advertido que, si llamaba a los dueños directamente, me arriesgaba a enfrentar malas caras, tonos bruscos y hasta insultos. Me decían que muchos estaban hartos de recibir llamadas de agentes inmobiliarios, y que las respuestas podían ser crueles. Pero dentro de mí se encendió una convicción:

—*No me va a pasar a mí* —me dije—. *¿Por qué habrían de tratarme mal si mi intención es auténtica?*

Con esa certeza, elegí diez números de teléfono y, después de tomar una gran bocanada de aire (como si estuviera a punto de zambullirme en una piscina fría y profunda), empecé a marcar lentamente. Llamé a cada uno de esos números, y contra todo pronóstico, ¡seis respondieron! Cada llamada fue una pequeña batalla ganada. ¡Logré seis victorias! Me sentía como si acabara de ganar un campeonato de llamadas en una carrera donde todos estaban destinados a perder. Sentía que mis nervios temblaban dentro de mí, pero mantuve la calma y no me permití renunciar.

De esos seis contactos, ¡logré cerrar cuatro propiedades! Y, para mi sorpresa, en un abrir y cerrar de ojos, tres de ellas ya estaban vendidas. Cada venta era como un pequeño trofeo en mi estantería profesional; eran mis oportunidades brillantes para demostrar que, aunque apenas estaba dando mis primeros pasos, mi camino tenía un propósito claro. Esas llamadas eran más que números en una hoja de cálculo, eran mi pasaporte a la certeza de que, a pesar de los obstáculos, podía convertir mi trabajo en un acto de respeto y servicio genuino.

Hice mi primer llamado con el corazón en la mano y un ligero temblor en la voz, como si estuviera a punto de saltar en paracaídas sin saber si la cuerda se

lauraayala.sobrehumano@gmail.com

abriría. No tenía un guion en mente, pero sabía exactamente lo que NO quería decir: "Tengo un cliente interesado en su propiedad". ¡Por favor! Esa es la típica mentira que nos enseñan y que suena tan falsa como un billete de cuero. Lo que realmente buscaba era ganarme cada paso con respeto y transparencia. Aunque, a decir verdad, el miedo estaba ahí, bien presente, como ese amigo incómodo que siempre se aparece en las fiestas.

Ring... Ring...

Al otro lado, una voz atendió. Tan pronto como mencioné que llamaba de una inmobiliaria, me lanzó un torrente de palabras furiosas como si fuera un volcán a punto de erupcionar.

—*¡Estoy harta de que ustedes me molesten para captar mi propiedad!* —exclamó, antes de colgar con un ruido tan contundente que me hizo imaginarla lanzando el teléfono con furia.

Quedé tan consternada que dejé el teléfono sobre la mesa, y me quedé mirándolo como si fuera un artefacto alienígena a punto de cobrar vida. Al cabo de unos segundos, no pude evitar reírme de mí misma, porque la escena era digna de una comedia de enredos. Pero justo en ese momento, algo dentro de mí se avivó. Con un pequeño zumbido mi coraje despertó, como si estuviera diciendo:

—¡*Vamos! ¡No hemos venido hasta aquí para dar un paso atrás!*

Marqué de nuevo. Esta vez, al escuchar su voz, le dije con una sonrisa en el corazón:

—*Entiendo que estés hasta la coronilla de tantas llamadas. Pero, vamos, no es justo tratar así a quienes solo buscan ayudar.* —Hice silencio para medir su reacción. No respondió —*Mi objetivo es brindarte apoyo, no hacerte sentir como si estuvieras en una telenovela de ventas.*

De ese modo conocí a la joya de ese día: mi amada Rosa. Con 75 años, su voz era fuerte como una corneta en un trancón; no era de las que se dejaban impresionar fácilmente. Desde el primer instante, su sabiduría me envolvió como un cálido abrigo en un día frío.

—*Te escucho* —Dijo con seriedad.

—*Me ha llamado la atención el valor que ha puesto en la publicación: ¡USD 1,111,111!* —le dije con sinceridad—. *¿Es eso una cábala o parte de un parámetro muy específico?*

Me quedé esperando su respuesta, pero ella se trabó sin hallar qué decir. Después de un segundo de sorpresa, ambas nos reímos, y esa pequeña risa rompió el hielo, ¡Dándome paso directo a su corazón!

En el tono amable que siguió, pude notar cuánto cargaba Rosa sobre sus hombros. Varias inmobiliarias se disputaban su propiedad, ofreciéndole cifras de remate que hacían que la situación se sintiera como una subasta en su contra.

Ella me comentó que dentro del terreno había cuatro viviendas, y que una de ellas, en el primer piso, había sufrido un pequeño *incidente* con el fuego, y por eso la valuaban tan bajo. Yo le respondí que, honestamente, no me parecía un drama tan grande, pero que prefería verlo con mis propios ojos. Hacía poco que había terminado mis estudios como directora de obras, y con mis primeras experiencias laborales en reformas a cuestas, sabía que podía darle una opinión bien fundamentada. ¡Y logré convencerla de permitirme ir a ver su propiedad!

Cuando la conocí en persona, Rosa parecía dura e impenetrable. Yo me mantuve respetuosa y profesional, pero en el fondo, ¡Lo primero que vi fue a una abuelita adorable que contaba historias! Me trajo recuerdos de mi infancia, y de inmediato morí de amor por ella.

Me decidí en ese instante a ayudarla. Trabajé la propiedad con toda mi dedicación, y finalmente, logré venderla al doble del valor que le ofrecían inicialmente. Rosa pudo cumplir sus sueños de venta, y yo me sentí como una verdadera heroína.

lauraayala.sobrehumano@gmail.com

Pocos días después de cerrar la venta, Rosa me llamó. Me dijo, con ese tono firme pero cariñoso que tenía:

—*Elige un lugar para reunirnos, puede ser una cafetería o cualquier lugar donde nos podamos encontrar para conversar.*

Convinimos en un sitio, y fui; curiosa y emocionada. Ahí estaba ella, tan encantadora como siempre. Me recibió con una sonrisa y, casi como si se tratara de un ritual, insistió en que pidiera lo que quisiera. Luego, me dio un sobre con dinero, como quien entrega un pequeño tesoro, y me dijo:

—*Para que te compres lo que quieras esta Navidad*— Ese detalle tan dulce y generoso me llegó al alma.

Los meses volaron. Yo, atrapada en mi torbellino de actividades, casi olvidé lo rápido que Rosa se había convertido en una persona realmente especial en mi vida. Pero un día, mientras enviaba un mensaje desde una esquina, sentí una mano suave que me tomó del brazo. Me giré y allí estaba Rosa, ¡tan agitada como un colibrí! Su carita brillaba de alegría, como si hubiera descubierto el secreto de la felicidad.

Me contó que me había visto desde media cuadra atrás y que había caminado tan rápido como sus piernas se lo permitían. Quería saludarme y compartir las cosas maravillosas que había hecho tras la venta, con ese entusiasmo contagioso que siempre me hacía reír y emocionarme al mismo tiempo.

Y aunque me alegraba verla tan llena de vida, también me dio la triste noticia de que su esposo había fallecido. En ese instante, comprendí que había llegado a su vida en el momento justo, ayudándola a asegurar su bienestar cuando más lo necesitaba.

Una de las razones que me empujó a escribir este libro es precisamente esa: la profunda conexión que se crea cuando compartimos nuestras historias, y el asombroso impacto que podemos tener con

lauraayala.sobrehumano@gmail.com

pequeñas acciones que sean significativas. ¡Porque a veces, un simple gesto puede cambiar el rumbo de alguien! Me pasó a mí antes, y ahora tengo la oportunidad de hacerlo por alguien más.

Dicen que todos tenemos un camino que, en algún momento, enciende nuestra alma, y desde lo más profundo de mi ser, puedo afirmar que eso es cierto. He transformado mi vida y me he convertido en un testimonio viviente de que siempre es posible renacer; siempre hay una salida, una luz, incluso cuando la oscuridad parece querer aplastarnos.

Mi trabajo me lleva a conocer personas y sus historias, y a veces tengo el privilegio de ser ese rayo de esperanza para ellos, esa pequeña llama que enciende sus propias vidas. A menudo, todo lo que necesitan es que alguien los vea de verdad, que alguien esté dispuesto a ofrecerles claridad cuando solo ven confusión.

He recorrido las calles y he cruzado las puertas de muchas casas para avaluarlas como propiedades, y he descubierto una hermosa realidad: cada casa es

lauraayala.sobrehumano@gmail.com

un universo. Cada puerta que cruzo me abre un portal a una nueva realidad, a una forma de vida distinta a la mía, única, que siempre me deja una enseñanza.

En esos encuentros, he aprendido que, en algún momento, todos podemos ser los ángeles de otros. Yo he sido un ángel para muchas personas, así como otros lo fueron para mí cuando más los necesitaba.

Uno de esos momentos llegó cuando tenía apenas 18 años y descubrí lo que significa tocar fondo. Era un día sofocante de verano, y recuerdo el peso de una tristeza tan densa que casi no podía con ella. Sin pensarlo, salí a caminar sin rumbo, como si el movimiento pudiera aliviarme. Solo buscaba un lugar donde dejar que las lágrimas cayeran libres, sin testigos.

Con la mirada perdida, recorrí las calles, sintiendo cada rayo de sol clavarse en mi piel, como si fuera un recordatorio de todo lo que me dolía en ese momento. Llegué a una plaza solitaria y me dejé caer en el suelo, sin importarme que el calor del mediodía

lauraayala.sobrehumano@gmail.com

me aplastara como una losa. En cuanto me senté, las lágrimas, contenidas por tanto tiempo, comenzaron a correr como un río.

Entonces, escuché unos pasos. El miedo a ser vista me hizo encogerme, tratando de ocultar mi rostro, rogando en silencio que siguieran de largo. Cuando finalmente se alejaron, dejé que las lágrimas fluyeran en silencio, con una tristeza tan profunda que me hacía temblar. En ese instante, cuando creía estar completamente sola, sentí una presencia a mi lado, tan suave como inesperada. Una voz dulce y tranquila rompió el silencio:

—*No sufras* —me dijo—, *la vida es hermosa.*

Levanté la cabeza, sorprendida, y encontré a una mujer mayor sentada junto a mí, con una sonrisa cálida y unos ojos llenos de paz. La miré, sintiéndome como si un ángel acabara de aparecer a mi lado. Con mis ojos aún agrandados por la sorpresa y empañados por las lágrimas, me quedé clavada en su mirada.

lauraayala.sobrehumano@gmail.com

Esa mujer fue mi salvación, justo en el momento exacto. Con una dulzura que parecía no tener fin, me habló de la belleza de la vida, de esa fuerza que todos llevamos dentro y de cómo transformar el dolor en algo hermoso. En sus palabras, encontré el abrazo que tanto necesitaba.

Aquella tarde, en esa plaza, mientras esa desconocida me miraba, comprendí lo que significa ser una portadora de buenas noticias, un portal de luz y esperanza para otros. Desde lo más profundo de mi ser, quiero ser para otros lo que ella fue para mí en ese momento: un destello de claridad en medio de las tinieblas, una promesa de que la vida sigue, de que siempre hay motivos para sonreír, incluso cuando el panorama parece más sombrío.

No sería la última vez que el destino me pondría en el camino de alguien capaz de inspirarme profundamente. Hace unos años, me encontraba inmersa en el estudio del fascinante idioma árabe, de la mano de una profesora libanesa cuya sabiduría y calidez me atraparon desde el primer momento. En una de nuestras primeras clases, ella me propuso un

lauraayala.sobrehumano@gmail.com

ritual que me dejó boquiabierta: ¡un bautizo con un nombre árabe!

En ese instante, me resistí con firmeza. ¡Mi nombre, Laura, era sagrado! Lo atesoraba profundamente en mi corazón. Sabía por herencia que nuestro nombre es la primera melodía que escuchamos, una sinfonía que nos define y nos da identidad. Pero la vida, con sus giros y revueltas, tiene un talento especial para empujarnos por caminos inesperados.

Pasaron algunos años, y el deseo de reconectar con el idioma árabe me llevó a retomar mis estudios. Esta vez, decidí abrir mi mente y mi corazón. Y mi profesora, con esa energía que la hacía brillar, convirtó el ritual en un momento mágico.

—*El nombre te elegirá a ti* —me dijo en un tono suave, casi místico—. *Tómate tu tiempo, escucha esa voz en tu interior; así descubrirás el nombre en árabe que te conducirá por la vida, como un verdadero compañero de viaje.*

lauraayala.sobrehumano@gmail.com

Sentí una mezcla de ansiedad y emoción, lista para recibir lo que viniera. Cuando ella volteó el papel, su risa cálida llenó el aire:

—¡*Bashira!* —exclamó—. *¿Sabes lo que significa?*

Mi corazón latía fuerte mientras respondía:

—No... No lo sé.

—*Portadora de buenas noticias* —dijo, mirándome como si pudiera ver mucho más allá de la superficie—. *Tienes el don de convertir lo negativo en algo positivo y además tienes la magia de la femineidad.*

Algo profundo y liberador se agitó en mi interior, como si una descarga estuviera esperando el momento perfecto para estallar. Miré hacia atrás, revisando las sombras de mi pasado y las batallas cotidianas que había librado, y entonces lo comprendí: esa esencia siempre había estado en mí, una llama paciente esperando que yo la encendiera.

lauraayala.sobrehumano@gmail.com

Allí, se corrió todo velo de duda. Ahora sabía quién era: *Bashira,* una portadora de buenas noticias.

Ese fue el comienzo de un viaje que lo cambiaría todo y que hoy me trae aquí, lista para contar mi historia. Ahora me siento llena de alegría, ligera como una pluma y desbordante de gratitud. Hay una certeza vibrante en mi corazón: estoy en el camino correcto. Cada palabra que escribo tiene un propósito profundo, una razón de ser que va más allá de mí.

Imaginar que mi historia, relatada con la máxima sinceridad y honra, llegará algún día a los ojos de mis hijos me llena de emoción. No quiero que mi historia silenciada y secreta se pierda en las brumas del tiempo; quiero que mis palabras los alcancen cuando sea su momento. Pensar en cuántas vidas podría tocar este relato valiente, oculto durante tantos años, me llena de esperanza y de un amor inmenso.

Hoy siento que he sanado. He entendido que no se trata de "perdonar" a mis padres; esa palabra nunca

lauraayala.sobrehumano@gmail.com

me pareció la adecuada para ellos. La vida me dio las lecciones que necesitaba y me mostró el camino que debía recorrer, de la forma que debía ser, y a través de ellos. Desde la comprensión y el amor, he aprendido a tomar decisiones desde un lugar diferente, uno mucho más sabio y consciente.

He pasado horas leyendo, explorando el conocimiento, y me he sumergido en cursos que a veces requirieron dinero y, otras veces, solo una pequeña cuota de gratitud. Y en cada experiencia de aprendizaje, he encontrado lecciones de valor. Hoy, al fin sé quién soy, sé lo que quiero y hacia dónde voy. Este viaje ha sido transformador, y cada paso, incluso, cada tropezón, ha valido la pena.

Siempre traté de contar lo menos posible de mi vida pasada. Tal vez por pensar que podría cambiar la manera en que los demás me miraban. No quería causar lástima ni que me vieran como una eterna víctima de las circunstancias.

Además, una de mis preocupaciones más grandes era proteger a mis hijos. Durante años, decidí

lauraayala.sobrehumano@gmail.com

guardar gran parte de mi historia, no porque no confiara en ellos, sino porque no quería que cargaran con el peso de mis heridas. Sabía que contarles todo lo que había vivido podría perturbarlos profundamente, haciéndolos sentir rabia o resentimiento hacia personas que no valía la pena que odiaran —especialmente algunos miembros de la familia, que tenían un papel en mi dolor.

Lo que más temía era que mi sufrimiento, ya superado en su mayoría, se convirtiera en una carga emocional para ellos. No quería que mi dolor distorsionara su visión del mundo ni que afectara la manera en que vivían sus propias vidas. Mi silencio no era un acto de debilidad; era un escudo protector.

Prefería llevar esa historia en soledad que exponerlos a la dura realidad que me tocó vivir. Mi prioridad siempre fue asegurarme de que tuvieran una infancia lo más tranquila posible, sin que las sombras de mi pasado los persiguieran como fantasmas de Halloween.

lauraayala.sobrehumano@gmail.com

Mi silencio fue, en muchos sentidos, mi manera de ofrecerles un escudo emocional. Sin embargo, detrás de ese mutismo había un mundo lleno de historias que me llamaban.

Desde pequeña, me ha fascinado conocer las experiencias de vida de los demás. Esa curiosidad se despertó en mí durante mi infancia, cuando escuchaba relatos palpitantes, que hacían que el mundo pareciera casi tan apasionante como las aventuras de Sandokán, el tigre de La Malasia, que yo leía con avidez durante mis castigos.

A través de las páginas de los libros, descubrí mundos imaginarios y realidades que podían ser mejores, iguales, o incluso un poco más desastrosas que la mía. Esa experiencia encendió en mí el deseo de salir de los libros y conectar con vidas reales, llenas de matices y relatos intrigantes. Me di cuenta de que aquellos que comparten su sabiduría lo hacen solo con quienes saben que la sabrán aprovechar, como un buen vino que solo se sirve en las copas adecuadas.

lauraayala.sobrehumano@gmail.com

¡Amo conocer historias de vida! Cada una de ellas me conecta con mi esencia más pura y despierta en mí una profunda conciencia de compasión y empatía. En cada relato, reconozco que he sido un pilar para otros, así como siempre ha habido alguien en mi esquina cuando más lo necesitaba. Es como un manto de conexiones invisibles que nos abriga a todos.

Desde joven, fui testigo de cómo las injusticias golpean a tantos. Y he aprendido a identificar varios tipos de personas en medio de esos desafueros. Están los que ven, y los que participan, pero también los que sufren el malestar ajeno. También están aquellos que pasan de largo en nuestra vida, pero cuyas acciones dejan huellas imborrables en nuestra mente y alma, como una canción pegajosa que no puedes sacarte de la cabeza.

Cada historia compartida se convierte en un hilo que teje una red de emociones, alcanzando incluso a quienes ni siquiera conocemos. Todo tiene sus consecuencias. El abrazo que ibas a dar a tu hijo, si estás emocionalmente desbordado, no será el

lauraayala.sobrehumano@gmail.com

mismo amoroso abrazo que siempre le das. La cercanía de tu mascota puede sentirse diferente si estás arrastrando la pesada mochila del enojo. Y, créeme, incluso la comida que preparas se impregna de ese sentimiento gris si estás triste; ¡hasta el arroz puede saber a lágrimas!

¿Te has puesto a pensar en eso? Por cada persona agredida, la vibración de ese embate afecta a muchas más, como una piedra lanzada a un estanque, donde cada onda se expande y toca las orillas más lejanas. Sin embargo, yo he decidido usar ese mismo principio, pero del lado opuesto: porque lo bello también se transmite. La felicidad se contagia como un estornudo; si alguien sonríe, ¡es casi imposible no sonreír de vuelta! Tu alegría y bienestar también impactan a los demás de manera positiva.

Sin embargo, en un momento decisivo de mi vida, me encontré atrapada entre lo que ya fue y lo que aún no sabemos que vendrá, en ese eterno ahora que todos necesitamos explorar al menos una vez. Desde esa perspectiva elevada, hice un balance de mi existencia

lauraayala.sobrehumano@gmail.com

y, en medio de tantos momentos de destrucción y pérdidas del pasado, me di cuenta de algo inquietante: ¡no tengo ni una sola foto de mi infancia, mi niñez! Ni un recuerdo de mi adolescencia, ¡ni de mi juventud!

Me sentí como un fantasma en mi propia historia, perdida en una reflexión sobre mi identidad en un mundo que sigue girando a mil por hora. Pensé en mis hijos, ¡y hasta en mis nietos! Sin recuerdos fotográficos que les ayuden a construir una imagen clara de su madre en la infancia, ¿cómo me recordarían? Por un instante, me sentí como una madre fantasma, incapaz de aparecer en su pasado. También sería una abuela sin identidad, una especie de sombra difusa en sus recuerdos, presente solo en las caricias y sonrisas que mis hijos vagamente pudieran recordar de mí.

En esos tiempos sin tecnología, mis hijos no sabían nada de mi historia. Escribirla es mi intento de no desaparecer entre las arenas del tiempo sin dar pelea; al menos, quiero dejar un legado escrito para que realmente me conozcan desde mi propia mirada, y no desde sus recuerdos, que son un poco

lauraayala.sobrehumano@gmail.com

distorsionados, porque me aseguré de que no vieran algunas realidades de la vida en aquel momento.

Mis hijos están donde quieren estar, y hasta la más pequeña, con solo 13 años, está marcando su propio rumbo. Al darme cuenta de esto, siento una mezcla de orgullo y melancolía. ¡Lo he hecho bien! Los he criado de tal manera que podrían dar la vuelta al mundo si así lo desean, ¡y varias veces si se les antoja! Pero ¿qué hay de mí? Ya no soy tan importante para ellos como antes; he dejado de ser la pieza indispensable de sus rompecabezas.

Mi hija mayor, que ya cuenta con 27 años de vida (vaya, ¡cómo pasa el tiempo!), comenzó a despertar a la consciencia a la tierna edad de 8 años. Sin embargo, hemos estado separadas por una década, lo que significa que solo compartimos 9 años juntas, ¡insuficientes para que pudiera captar todo lo que realmente quería que comprendiera! ¿Cuánta consciencia puede tener una niña de 8 años? ¿Cuánto tiempo libre le quedaba entre el colegio y sus actividades?

lauraayala.sobrehumano@gmail.com

A menudo, las verdades que ellos veían eran completamente diferentes a la realidad que yo percibía. A mí me tocaba sostener la cotidianidad como si estuviera sujetando una cortina en una ventana, luchando para que no sintieran esa mentalidad de escasez. Quería que nunca pensaran en pequeño, ¡sino que soñaran en grande!

Mis otros hijos, que en su mayoría se independizaron al llegar a la mayoría de edad, ahora viven por su cuenta y han empezado sus propios emprendimientos. Cada uno de ellos ha sido testigo, como máximo, de una década de mi vida, desde que tenían entre 8 y 9 años, observando cada evento que les tocó presenciar. Estoy convencida de que, algún día, cuando lean este libro, realmente conocerán la historia de su madre, ¡sin el peso del dolor que tantas veces me impidió compartírselas!

Cuando lean estas páginas, lo harán con la certeza de que he dejado atrás lo que viví. Mi relato será una historia con final feliz, y al entenderlo, sabrán que, a lo largo de los años, traté de protegerlos con toda mi alma, lo mejor que pude, con la sabiduría que tenía

lauraayala.sobrehumano@gmail.com

en cada etapa y de la manera más efectiva posible con los recursos que disponía en ese momento.

Hoy los veo como jóvenes leones, listos para conquistar el mundo. Sin embargo, ya ninguno tiene tiempo para mirar hacia atrás y preguntarse qué le sucedió a su madre, porque es su momento de brillar y de probar al mundo su valía. Estoy inmensamente orgullosa de ellos.

A veces siento una punzada de tristeza porque siempre quise darles más, pero así debía ser, así les tocó aprender. Pero en medio de todo esto, ¿qué queda para mí? ¡Contar mi historia! Para que el tiempo no se la lleve y para que ellos puedan conocer realmente a su madre.

Espero que estas páginas se conviertan en un fuego que encienda la inspiración y la motivación de otras personas, aparte de mis hijos, mostrándoles cómo se forjó mi historia y recordándoles que siempre hay esperanza, ¡y que siempre se puede lograr lo que uno sueña!

lauraayala.sobrehumano@gmail.com

¡Hay un poder SOBREHUMANO en la supervivencia! Cuando lo descubrimos, se despliega ante nosotros un nuevo mundo de esperanza y un propósito renovado. En esos momentos de la vida, el universo, en su infinita sabiduría (¡y con un toque de humor cósmico!), comienza a revelarnos el camino que siempre hemos anhelado: un sendero que deseamos recorrer, pero que, a menudo, ni siquiera nos fijamos que lo estamos transitando a diario.

Y es precisamente en esos momentos reveladores cuando me doy cuenta de lo que realmente me apasiona hacer. Mi hija adolescente se refiere a ello como "independizar a otros". Sí, ¡liberarlos en su mente y su alma! Cuando ella me ve conversando apasionadamente con alguna persona, su mirada astuta observa cómo mi convicción y mi fuerza se manifiestan en cada palabra y gesto. Luego, en medio de risas, me mira con gesto divertido y exclama con su ingenio característico:

—*Mamá… ¡Ya lo independizaste!*

lauraayala.sobrehumano@gmail.com

Pero su risa contagiosa y su comentario ligero son como un reflejo de lo que está tomando forma en mi interior: el reconocimiento de que, a través de cada interacción y mediante cada pequeño paso, estoy construyendo mi propio destino mientras ayudo a otros a liberarse. Su expresión alegre y genuina es un hermoso recordatorio para mí de que a veces, el camino hacia nuestros sueños se revela en los momentos más cotidianos. ¡Y justo en esos instantes comunes, puedes marcar la diferencia en la vida de alguien más!

Déjame contarte una historia que me dejó una huella profunda y que ilustra perfectamente lo que quiero decirte. Cada mes, un fumigador llegaba a nuestro edificio. Siempre esperaba su llegada como si fuera la visita de un viejo amigo, porque no tolero la idea de insectos en mi hogar. Observaba cómo se esmeraba en su trabajo, sacando meticulosamente todo de las alacenas y de las bajo mesadas, ¡con un optimismo tan contagioso que podría encantar a un grupo de termitas!

lauraayala.sobrehumano@gmail.com

Tenía un conocimiento asombroso sobre la propagación y reproducción de plagas, como si fuera el maestro Yoda de los insectos. Al principio, pensé que era el dueño o tal vez un socio de esas pequeñas empresas que los argentinos creamos con tanta facilidad. Pero, para mi sorpresa, no era así. Su sueldo era mínimo, pero aun así él ponía su alma en cada tarea, mostrando una pasión y dedicación que realmente merecían un aplauso.

Siempre lo observaba a distancia, como un espectador en un teatro, pero esta vez decidí romper la cuarta pared y acercarme para ofrecerle mi ayuda. Allí comenzó nuestra charla. Le pregunté cuánto tiempo llevaba trabajando en esto, cómo había adquirido ese vasto conocimiento y cuáles eran sus sueños para el futuro.

Al finalizar su labor, se despidió con una sonrisa. En mi siguiente visita, ya sabía que yo tenía una inmobiliaria y comenzó a preguntarme cómo podía alquilar un departamento. Me contó que tenía un salario en negro —una situación bastante común aquí en Argentina, donde muchos trabajan como sombras, sin beneficios de salud ni nada.

Aquella vez, fui yo quien le explicó con fervor cada paso: cómo hacerlo, dónde buscar, cuándo y por cuánto tiempo, revelándole secretos de mi profesión que lo dejaron boquiabierto. Le dije que la única diferencia entre nosotros era que yo amaba lo que hacía y él, a pesar de su dedicación, estaba dejando su futuro en manos del azar, como si jugara a la lotería sin comprar un billete.

Desafortunadamente, el mes siguiente me confesó que no había logrado alquilar nada y que le bajarían el sueldo por la falta de trabajo. Se le notaba la tristeza, temía no tener un lugar digno donde vivir. En ese momento, lo animé a que me hablara sobre lo que realmente le apasionaba.

—*¿Lo que amo hacer?* —respondió, como si se estuviera planteando la pregunta por primera vez— *¡Cocinar!*

lauraayala.sobrehumano@gmail.com

Cuando dijo eso, vi cómo sus ojos brillaban con la chispa de la pasión. Fue un instante revelador. Él había decidido abrirme su corazón, y yo me comprometí a dar lo mejor de mí en ese mismo momento para mostrarle que la vida no es una simple rueda de hámster, sino una aventura llena de oportunidades esperando ser tomadas. Solo necesitaba un poco de valentía para dar ese primer paso que lo llevaría justo hacia lo que realmente amaba hacer.

Ese día, se despidió con una sonrisa y me agradeció efusivamente por nuestra charla. Al mes siguiente, me sorprendí al ver que llegó otra persona a fumigar. Le comenté, con una sonrisa, que no tenía plagas en casa.

Después, decidí enviar un mensaje de WhatsApp al fumigador anterior. Su saludo estaba rebosante de alegría. Aprovechó para agradecerme por nuestra charla y me contó que, tras nuestra conversación, salió de su trabajo en la fumigadora, y su vida dio un giro total.

lauraayala.sobrehumano@gmail.com

Ahora trabajaba menos horas al día y ganaba más; era cocinero en un bar, y estaba totalmente dedicado a lo que realmente amaba. Me invitó a pasar y probar sus deliciosos platillos. No pude evitar reírme y preguntarle:

—¿Y cuándo vas a abrir tu propio bar?

Él se sonrió también y me respondió con una chispa de entusiasmo:

—*Disfrutaré de esto y, después, voy a pensarlo...*

Su historia me recordó que, a veces, solo necesitamos un pequeño empujón para descubrir nuestro verdadero camino. Y si eso es lo que puedo hacer para impulsar a alguien, ¡pues lo hago con gusto y una gran sonrisa! Mi hija me observa con suspicacia, y entre risas, me dice:

—¡Mamá, has independizado a tanta gente que ya no te quedan manos para hacer lo que necesitas! — Su comentario siempre me saca una sonrisa.

lauraayala.sobrehumano@gmail.com

—¡Ay, mamá! —exclama ella con energía, y nos reímos juntas como si compartiéramos un secreto.

He tenido la suerte de "independizar" a profesores y a personas en una variedad de actividades. He motivado a pintores que no podían vender sus obras, y les he demostrado que son capaces de hacerlo. He enseñado a muchos cómo encontrar la felicidad en lo que aman, cómo mostrar su talento al mundo, recibir el reconocimiento que merecen y, lo mejor de todo, a hacer que sus familias se sientan orgullosas de sus logros.

Siempre le digo a quienes quieren escuchar (y a veces también a los que no quieren), que no podemos pedir a nuestros hijos que hagan algo que nosotros mismos no nos atrevemos a hacer; somos el ejemplo que ellos imitan.

Mi historia es como una melodía, y el nombre *"Bashira"* me reveló su esencia más profunda. En ese instante mágico, cuando ese nombre me eligió, supe que había dado en el clavo al definir quién soy: ¡Una portadora de buenas noticias, destinada a

lauraayala.sobrehumano@gmail.com

transformar lo negativo en positivo! Yo soy Bashira, y desde entonces, así me defino.

El día que lo descubrí, estaba tan impactada que me costaba creer lo que acababa de suceder.

—*Concéntrate en tu corazón, con toda tu alma, y el nombre te elegirá.* —me dijo la profesora libanesa, con una seriedad digna de una película de ciencia ficción, como si el universo entero conspirara a mi favor.

Y era verdad; ¡Ese nombre era tan yo! "Bashira" Su fuerza resonó en mí como un sonido familiar para una llamada a la acción. La melodía de mi vida comenzó ahí como un estruendo de trash metal: ¡caótico y desafiante!

Pero a medida que empecé a darme cuenta de que era yo quien decidía cómo danzar con ese sonido y cómo fluir, la sinfonía comenzó a transformarse.

Con los años, esa melodía evolucionó y hoy suena como un instrumental de Coldplay, lleno de matices

lauraayala.sobrehumano@gmail.com

y armonías que invitan a la reflexión y el disfrute (y a veces, a llorar un poco, ¿y por qué no?).

Hoy, a quienes se acercan con necesidad de apoyo o buscando compartir sus historias, les ofrezco mi toque especial de Bashira. No puedo decirles qué hacer ni cómo actuar (no soy una maestra Jedi, después de todo), pero puedo ayudarles a ver su situación desde otra perspectiva, a descubrir la óptica de sus circunstancias que quizás no están viendo. Y eso, a menudo, marca toda la diferencia.

Dios quiera que con este libro pueda aportar al menos una gotita de amor, esperanza, valor y emoción a la vida de todos aquellos que se crucen con mis palabras. Si logro eso, me sentiré como si hubiera ganado la lotería de la felicidad.

Anhelo abrir mi correo y encontrar mensajes de quienes quieran conectar conmigo, porque al final, nunca estamos solos en este viaje... ¡aunque a veces parezca que estamos en una montaña rusa! (porque la vida es así, impredecible y emocionante).

lauraayala.sobrehumano@gmail.com

Tengo una colección inmensa de libros de autoconocimiento y crecimiento personal, que se han convertido en verdaderos compañeros de viaje, y que me han nutrido en tantos momentos, que hasta he perdido la cuenta.

Cada noche elijo a dos o tres favoritos para que se queden a dormir conmigo. Mi hija se ríe y me pregunta si creo que las palabras de esos libros se infiltrarán en mi mente mientras duermo. Nos reímos juntas, y le digo, en tono conspirador, que sí, pero que no lo diga en voz alta.

—*¡No vaya a ser que los libros nos escuchen!* —le digo con un guiño. Ese toque juguetón en nuestras conversaciones le da un poco de magia a esta costumbre mía.

Al despertar, escojo uno de esos libros y lo abro al azar, segura de que me mostrará el mensaje que necesito escuchar ese día. A veces, vuelvo a leer capítulos enteros o pasajes que me conectan a una memoria colectiva reconfortante.

lauraayala.sobrehumano@gmail.com

Estos libros son como maestros silenciosos, y la sabiduría tan vasta y generosa de ellos me acompaña en mi camino. Mi deseo es mantener vivo todo lo que aprendo de ellos y, sobre todo, poder transmitir esa sabiduría.

Pasé muchos años sola, y luego mis hijos fueron mi gran alegría y motivación. Pero, conforme crecieron y comenzaron a seguir su propio rumbo, me di cuenta de algo profundo: cuando deseamos algo de verdad, cuando lo queremos desde el corazón, tenemos el poder de crearlo.

Un buen día, me dije: *"¿Por qué no crear un refugio para aquellos que, como yo, alguna vez se sintieron solos?"* Mucha gente sufre la soledad en sus espacios vacíos, especialmente los fines de semana, cuando la soledad puede sentirse como una manta pesada y fría. Decidí que los sábados serían nuestro día de encuentro.

Empezamos a reunirnos, y en cada sesión, compartíamos experiencias y aprendíamos a transmutar nuestras creencias, enfocándonos en el

lauraayala.sobrehumano@gmail.com

único momento que realmente importa: el ahora. ¡Ah, el ahora! Ese lugar mágico donde las preocupaciones parecen desvanecerse.

Entre risas, historias y un montón de anécdotas, el grupo empezó a crecer y cobrar vida. En esas primeras reuniones, éramos solo ocho valientes, pero para nuestro cuarto encuentro, ¡ya éramos treinta y seis!

Sin darme cuenta, había creado algo hermoso y transformador: un espacio donde todos podían abrirse, compartir y, poco a poco, cambiar su forma de ver la vida.

Pero, como todo buen drama, el invierno llegó con su frío helado, y junto a la lluvia invernal, trajo consigo la falta de espacio y tiempo para mantener el grupo.

Aunque no pude continuar con esos encuentros, nunca olvidaré las miradas brillantes y los rostros transformados de cada uno de los participantes.

lauraayala.sobrehumano@gmail.com

Hice una promesa en silencio: algún día, volveríamos a reunirnos, de forma más profesional y en un gran espacio, donde todos pudiéramos encontrar un refugio, un lugar para crecer y sentirnos acompañados. Mi sueño sigue ahí, como un pájaro enjaulado, esperando el momento perfecto para volver a ser libre.

Este libro es una invitación a que me acompañes en ese viaje de transformación, a que juntos retomemos ese sueño. Es un llamado a descubrir que, al final del oscuro pasillo, siempre hay una luz cálida que nos espera con los brazos abiertos, lista para abrazarnos.

Los peores momentos de la vida son, quizás, los que más nos preparan para el futuro brillante que estamos destinados a labrar.

En estas páginas, compartiré mis experiencias, liberando mi corazón y expandiendo mi alma. Y tú, al reflejarte en ellas, serás impulsado a salir de tu propio hoyo y a abrir tu mente a la posibilidad de una vida mejor.

lauraayala.sobrehumano@gmail.com

Si mi historia puede iluminar tu camino,
Si puede ofrecerte consuelo o fortaleza,
Entonces todo el sufrimiento,
Todo el esfuerzo;
Habrá valido la pena.
Yo cumpliré mi propósito,
Y tú serás desafiado
A que te conviertas,
En tu mejor versión.

¿Te animas? ¡Hagámoslo realidad!

lauraayala.sobrehumano@gmail.com

Capítulo 1: Infancia de Limitaciones

El estruendo de la puerta de la cocina cerrándose con violencia sigue resonando en mi memoria. Era un sonido inconfundible, el preludio de una tormenta que sabía que no podría evitar. Cuando mi padre entraba, su rostro ya no era el de un hombre; se transformaba en algo irreconocible, consumido por la ira.

Mi madre, lejos de calmarlo, avivaba el fuego con sus comentarios afilados, lanzándolos como dagas que perforaban el aire. Yo sabía que, con un solo error, una mirada equivocada o un gesto fuera de lugar, la furia se volcaría sobre mí. Aquella tarde, como tantas otras, no había escapatoria.

Estaba en la cocina, lavando platos con una precisión casi quirúrgica, intentando que ni un sonido rompiera la frágil tregua. Sin embargo, la tensión en el ambiente era palpable, como si el aire estuviera cargado de electricidad. Mi hermana mayor, frágil y libre de las tareas domésticas, permanecía a salvo.

lauraayala.sobrehumano@gmail.com

Pero yo tenía que enfrentar la realidad: todo recaía sobre mí.

Cuando el tintineo del último plato resonó, mi cuerpo entero se tensó. Era un sonido apenas perceptible, pero suficiente para quebrar el delicado equilibrio. El cuchillo que se resbaló y golpeó el fregadero fue la sentencia. Sabía que no había vuelta atrás.

Los pasos de mi padre se acercaban como un trueno. Su sombra se extendió sobre mí, opresiva, mientras su voz estallaba como un látigo:

—¿Por qué siempre lo haces todo mal?

No hubo tiempo para reaccionar. Sentí el golpe en mi espalda, tan fuerte que caí al suelo. El dolor físico se mezclaba con un miedo que me congelaba por dentro. Intenté levantarme, pero el impacto había sido demasiado. Aprendí a no llorar, a no mostrar debilidad, porque sabía que eso solo alimentaría la furia de ellos.

—¡No sirves para nada! —rugió, y cada palabra me hacía más pequeña. Su ira era como un vendaval que barría todo a su paso.

Mientras tanto, mi madre permanecía en silencio, inmóvil en la sala. Su indiferencia era tan cruel como los golpes de mi padre. Sabía exactamente cómo encender su rabia, pero nunca intervenía para detenerlo, aunque podía hacerlo. Su desprecio, más que cualquier otra cosa, era lo que realmente me hundía.

Cuando mi padre me ordenó que me levantara, el pánico me paralizó. Cada músculo de mi cuerpo se negaba a responder, pero sabía que debía hacerlo. No levantarme solo empeoraría las cosas. Con las piernas temblando y la vista nublada por el miedo, hice lo único que podía: me obligué a seguir adelante, a pesar del dolor, a pesar del terror.

Con un esfuerzo desesperado, logré arrastrarme hasta la mesada, usando mis manos mojadas para impulsarme, con el corazón corriendo en mi pecho como si quisiera escapar. Las piernas me temblaban

lauraayala.sobrehumano@gmail.com

tanto que pensé que colapsaría de nuevo. Solo era una niña, de apenas nueve años, enfrentando la furia de un hombre de casi dos metros de estatura. De alguna manera, conseguí mantenerme en pie, temblando frente a él. Mis ojos permanecieron fijos en el suelo, porque mirarlo sería un desafío, y desafiarlo era algo que jamás pensé atreverme a hacer.

Finalmente, tras lo que pareció una eternidad, él se fue. Su figura desapareció por el mismo pasillo que había venido, dejándome sola en el silencio de la cocina. El dolor en mi cuerpo seguía vivo, pero lo peor ya había pasado. Sabía que, en un rato, todo volvería a estar en relativa paz, como si nada hubiera ocurrido, hasta que algo más lo enfureciera de nuevo. Mientras terminaba de lavar los platos, aproveché el ruido del agua para llorar en silencio, escondiendo mis lágrimas con orgullo, para que nadie pudiera escuchar mi llanto.

Poco a poco, aprendí a ocultar el dolor que me devoraba por dentro. Quería tirarme al suelo a llorar mis penas, sin tener que hacer nada, pero no podía,

lauraayala.sobrehumano@gmail.com

siempre tenía que hacer algo. No hacer nada era un lujo que no podía permitirme, un lujo que mis padres no soportaban. Me tapé la boca y grité en silencio, esforzándome por hacer que mis gritos se desvanecieran en el ruido del agua. Era una forma de seguir adelante, aun sabiendo que nunca olvidaría esos momentos.

Me apoyé contra la pared y me deslicé hasta el suelo, tomando un momento para abrazarme a mí misma y recuperar el aliento. Me sentí vulnerable, sí, pero necesitaba encontrar fuerza en medio de todo esto. Los gritos de mi madre irrumpían desde la sala, señalándome como la causa de la furia de mi padre, como si todo lo que yo hacía estuviera mal. Sabía que esas palabras no definían quién era yo; sin embargo, en esos instantes dolían como heridas abiertas, aunque luego sanarían.

—*No sirves para nada* —repetía, casi como una melodía gastada. —*Siempre haces todo mal.*

Dejé que su voz se quedara en el aire mientras yo me concentraba en algo más profundo. Había aprendido a mantenerme firme, incluso en los momentos de miedo. Ese temor, que alguna vez me había paralizado, se estaba convirtiendo en un recordatorio de mi capacidad para enfrentar cualquier tormenta. Aprendí a protegerme. Esos días de alerta constante me estaban enseñando a leer el ambiente y a encontrar un camino en la oscuridad.

En momentos de caos como ese, solía preguntarme cómo era posible que un hogar —ese lugar que debía ser un refugio— se sintiera como un campo de batalla. Para mí, era una guerra silenciosa, la meta no era simplemente sobrevivir, sino aprender a prosperar a pesar de todo. Sabía que el próximo desafío vendría, pero también sabía que yo estaría lista para enfrentarlo, aprendiendo a no caer ante cualquier acusación de tareas mal hechas o palabras hirientes. Asimilé que debía luchar para no claudicar.

Esta conciencia de lucha no nació allí. Desde que tengo memoria, mi vida ha sido una danza defensiva entre la soledad y la esperanza. Aun en mis primeros recuerdos, la imagen de una casa grande y silenciosa surge clara. Tengo memoria de mis primeras luchas contra el miedo en esa casa. Ese silencio, lejos de asustarme, se convirtió en un espacio donde aprendí a reconocer en mí una fortaleza que nadie podía arrebatarme.

Apenas tenía cuatro años cuando descubrí lo que significaba enfrentarme al encierro y a la espera. Mi hermana y yo despertábamos en la penumbra, sabiendo que cada día era un nuevo reto. La puerta principal, siempre cerrada con llave, se transformó para mí en una señal: aunque el mundo exterior estuviera fuera de alcance, dentro de la soledad de esas paredes podía encontrar mi refugio.

Al despertar, cada día de verano, encontrábamos una bandeja en la mesa, cubierta con fiambres fríos y pan cortado. Era el alimento para todo el día, y era el mismo menú cada día. Esa comida, insulsa y escasa, se volvió nuestro desafío: valorar lo que teníamos y comerlo a pesar del hastío. Era el único combustible para cada día de aquel verano. Apenas llenaba el estómago, pero me impulsaba a soñar con cosas diferentes, que algún día comería.

lauraayala.sobrehumano@gmail.com

Lo que más me fascinaba era la caja de alfajores con sus 40 unidades perfectas, que podía encontrar en la alacena. Cada uno de esos deliciosos alfajores representaba un momento de dulzura en medio de esos días desafiantes. Comerlos era casi un ritual: Mis manitos danzaban buscando un alivio, un instante en que el sabor dulce se imponía a lo amargo. Y, aunque el día podía deslizarse entre la rutina y la niebla, cada uno de esos momentos de disfrute me recordaba que aún había pequeños destellos de placer por los que valía la pena avanzar.

Cuando cumplí cinco años, las crisis asmáticas se convirtieron en parte de mi vida, pero no dejé que me definieran. Justo cuando parecía que podría escaparme al aire libre, el asma me ponía a prueba, enseñándome a enfrentar una batalla para cada respiración. Las noches en el hospital se volvieron parte de mi historia y en la soledad y el silencio descubrí mi capacidad de resiliencia. Respirar era un desafío, sí, pero yo me convertí en una guerrera capaz de enfrentarlo cada día, encontrando la fuerza para luchar por cada inhalación.

lauraayala.sobrehumano@gmail.com

Aún así, recuerdo los días en el hospital como un capítulo donde encontré una pausa inesperada para mis constantes batallas en la casa. Mi madre apenas se asomaba por allí, convirtiéndose en una presencia distante y fugaz, y mi padre, con su temperamento volátil, nunca iba al hospital. Irónicamente, aquellos momentos de pelear mi batalla contra el asma y la soledad me dieron instantes de calma y distancia de la hostilidad constante de mi hogar, y me enseñaron a encontrar paz en mi desierto.

Mientras algunos buscaban protección en las paredes de un hogar, yo construía la mía fuera de él, buscando recursos en mi interior y convirtiendo la quietud de esas noches frías que pasaba en la soledad del hospital, en una fortaleza que me acompañaría siempre.

Un evento que representó un cambio definitivo para mi vida fue la llegada de mi hermano. Su nacimiento fue un torbellino que sacudió los cimientos de mi infancia, pero que me obligó a encontrar el equilibrio en medio del caos. Las discusiones de mis padres,

lauraayala.sobrehumano@gmail.com

después de ese evento, se tornaron más ruidosas, como una banda sonora de gritos y resentimientos.

Mi madre se iba de casa, una y otra vez, después de cada pelea irreconciliable con su marido, dejándonos atrás como si su lugar no estuviera con nosotros. Y yo, con apenas seis años, empezaba a comprender la cruda realidad de mi vida: debía asumir un rol que no me pertenecía, hacer las veces de madre para mi hermano, aparte de ser el ama de casa, y sirvienta de mi padre.

La constante crisis se convirtió para mí en una especie de amiga, no de las que uno elige, claro, pero sí de aquellas con las que aprendes a caminar. Se unió al miedo, como mi compañera constante, enseñándome a mirar cada día de frente y en alerta.

Sentía que el abandono acechaba en cada esquina, como el preludio de una nueva tormenta. Cada grito de mi padre encendía mis alarmas, y trataba de reforzar la idea de que yo era solo un estorbo en el mundo gastado y enfurecido de mi padre.

lauraayala.sobrehumano@gmail.com

El caos se volvió mi paisaje cotidiano. Mi padre, con su furia implacable, me convertía en el blanco de sus arrebatos. Hubo momentos en que el dolor se sintió como un martillo que golpeaba no solo mi cuerpo, sino también el espíritu. En sus enojos, me agarraba del cabello, levantándome del suelo como si fuera un juguete. Sentía la crudeza de esos momentos, pero poco a poco empecé a reconocer que, aunque él intentara apagar mi luz, había una fuerza dentro de mí que nadie podría extinguir.

La ausencia de mi madre dolía, claro, pero sabía que su presencia tampoco garantizaba un apoyo, así que aprendí que, aunque el apoyo no siempre llegara, yo podía encontrar la manera de sostenerme.

La casa era un manicomio. Ellos se lanzaban acusaciones de infidelidades y mentiras, cada uno contaba su propia versión de los hechos, y se reprochaban con violencia de palabras y gestos, como si se tratara de un drama sin final. En medio de sus historias, yo aprendí a ser invisible. Y eso me dio una ventaja: podía observar y aprender, sin hacerme notar.

lauraayala.sobrehumano@gmail.com

A los seis años, ya era la mini adulta de la casa, cuidando de mi hermano pequeño y asumiendo las tareas del hogar. No era la infancia típica, pero en ese rol encontré una especie de propósito que me enseñó a resistir, con una ruda disciplina de trabajo y responsabilidad que luego me beneficiaría.

Cuando finalmente logré entrar a la escuela pública, sentí que un sol de esperanza se encendía en el horizonte. Sin embargo, el alivio fue breve; la realidad de mis días en casa se encargó de apagarlo rápidamente. Mis padres parecían decididos a robarme la infancia, convirtiéndome en una especie de Cenicienta, atrapada en la tarea de ordenar el caos de sus vidas.

Cada tarea incompleta o pequeño error se "recompensaba" con castigos cada vez más creativos. La falta de amor se sintió como un agujero negro, pero aprendí a moverme con rapidez para que esa oscuridad no me devorara.

lauraayala.sobrehumano@gmail.com

Algunos días, los castigos significaban pasar largas horas en una habitación, sin comida, acompañada solo de un vaso de agua y de mi paciencia. En esos encierros, me acostumbré a la soledad como quien se hace amigo de un vecino incómodo. Aprendí que, en el mundo de mis padres, el perdón no era una opción en el menú. Pero ahí, en esa quietud, encontré un espacio para fortalecerme y recordar que no necesitaba su aprobación para valorar quién yo era.

Mi padre, un coloso de furia desbordada, parecía encontrar alivio en castigarme violentamente. Mis anteojos, que a veces eran la única ventana que yo tenía para enfocar la realidad, se convertían en el blanco de su ira. Recibía golpes que no solo intentaban romper mis lentes, sino también mi espíritu.

Con cada cachetazo, él me repetía que deseaba que uno de esos días los cristales se incrustaran en mis ojos, para que me quedara ciega. Yo no entendía tal saña suya en mi contra, pero me aferraba a mi propia visión: No necesitaba los lentes para ver con claridad mi camino, pero no quería quedar ciega. En silencio, la impotencia se convertía en determinación. Las noches eran largas, pero cada lágrima se llevaba un poco de esa carga, y yo despertaba cada día un poco más fuerte.

Mis padres se jactaban de ser fervientes creyentes en Dios y devotos de la iglesia católica, ¡pero vaya forma de demostrarlo! Su fe no era más que un arma que blandían contra nosotras, como una cadena invisible que utilizaban para atarnos al miedo.

En lugar de enseñarnos amor o compasión, solo repetían, como un trueno implacable, que Dios nos iba a castigar. Y si eso no bastaba, siempre tenían a la mano la intimidación de "la competencia", nos lanzaban la amenaza oscura de que el diablo estaba siempre al acecho, listo para llevarnos con él si no obedecíamos.

La religión, en sus manos, no era exactamente un consuelo; más bien, era como un contrato de condenación eterna con letras chiquitas y cláusulas infinitas; era una cárcel más, un cerco invisible que nos rodeaba con promesas de condenación en lugar de salvación.

Y como corolario de todo, también éramos pobres. Pero no hablo solo de dinero o bienes; éramos pobres en algo mucho más profundo. Mi madre, especialmente, parecía llevar una especie de "mentalidad de pobreza" que la consumía; tanto que a veces era difícil verla como alguien tangible, era como si se volviera invisible por vivir en una burbuja de carencias que solo ella veía.

Mi padre no se quedaba atrás, aunque al menos intentaba ponerle estilo: cuidaba su apariencia y proyectaba una imagen cuidadosamente cuidada, como si en ese reflejo pudiera encontrar un poco de paz en medio de su propio vacío.

Mi madre, eso sí, no trabajaba, pero tampoco sé bien en qué ocupaba el día. Su presencia era un enigma; se iba por horas y, siendo sincera, esos momentos en los que no estaba eran como pequeños descansos en medio de una tormenta incesante. Su ausencia no pesaba era más bien una especie de respiro inesperado.

Mi padre nunca me llamó por mi nombre. Para él, yo no era Laura; apenas era "nena" o, peor aún, "usted". Cada orden salía de su boca con una frialdad casi calculada, como si fuera un recordatorio constante de que yo no existía realmente para él, sino como una extensión de su propia voluntad.

—*Usted, venga para acá* —era una de sus frases— *Usted, levánteme eso.* —Yo era una especie de sirvienta para él —*Nena, tráigame la sal... Nena, planche mi camisa.* —Cada palabra era como un ladrillo más en un muro lapidario que me volvía invisible, y aun así, algo en mí se negaba a desaparecer detrás de ese muro.

Cuando me enviaba a hacer las compras, lo hacía con una precisión casi militar:

—*Usted ya sabe, cinco minutos. Si tarda más, ya sabe lo que le espera.*

lauraayala.sobrehumano@gmail.com

Y ahí iba yo, corriendo con el corazón en la boca, porque esos cinco minutos no tenían margen de error. Sabía que, si me demoraba un segundo, me esperaba un castigo, y no era cualquier sanción, sino una reprimenda que dolía de verdad. Así que corría como si mi vida dependiera de ello, sintiendo el peso de cada segundo sobre los hombros, como una cuenta regresiva implacable.

Cada ida y vuelta a la tienda era una carrera de velocidad, con el miedo pisándome los talones. Él lo sabía, lo disfrutaba, como si esa tensión fuera parte de su propio cronómetro. Pero yo, aun con las piernas temblorosas y el corazón en un puño, volaba hacia mi libertad, y cada paso me dejaba un poco más cerca de demostrarme a mí misma que podía soportarlo.

Recuerdo un día en particular en el que sentí que estaba a punto de desmoronarme. Había demasiada gente en el almacén, demasiados ojos y murmullos. Ese lugar, que solía ser pequeño y familiar, de repente me parecía inmenso y sofocante.

lauraayala.sobrehumano@gmail.com

Mi timidez me envolvía como una capa pesada; era tan callada que hasta mi propia voz me asustaba. Intenté esperar mi turno, pero las lágrimas casi me ganan, sentí el pánico subiendo por mi pecho y apretándome la garganta. ¡Casi me hago encima del susto!

El almacenero, un hombre amable, debió notar algo en mi rostro, quizá el miedo que se escapaba por mis ojos. Con un gesto de compasión, me preguntó qué necesitaba. Me atendió rápido —o tan rápido como podía entre charla y charla con los vecinos—, mientras yo solo podía pensar en los segundos quemándose como un fósforo en mi cabeza. Cada minuto parecía un susurro de terror.

Al fin agarré lo que necesitaba y salí de ahí como si el suelo ardiera bajo mis pies. Pero al llegar a la casa, allí estaba él, esperándome en la puerta. Sentí que el corazón me daba un vuelco. No sabía si debía entrar o correr, pero él no me dio opción. Con un solo movimiento, me estrelló la mano en la cara. Caí al suelo, "comiéndome el piso" —como a él le gustaba decir. Me levanté de inmediato; el dolor físico era lo

lauraayala.sobrehumano@gmail.com

de menos comparado con el peso del miedo que me causaba su iracunda presencia.

Corrí a esconderme, como hacía siempre. A veces, él simplemente recibía las cosas y se olvidaba de mi existencia. Pero esa indiferencia no era un alivio, solo otra manera de mostrarme que, para él, yo no era más que un objeto: algo que podía ignorar o usar a su antojo, según el humor del día.

Mientras mis compañeros de clase compartían risas y aventuras en la escuela, yo luchaba por encontrar el valor para levantarme cada día, sintiendo que el mundo exterior se alejaba más y más de mí. Los días de escuela se convirtieron en un recuerdo distante, una vida que ya no era la mía.

Mis interacciones se limitaban a mi familia. Pasaba la mayor parte de mis días en casa, atrapada en una vorágine de responsabilidades domésticas. El hogar se había convertido en mi prisión, y las paredes pronto se tornaron opresivas. Las horas se deslizaban lentamente mientras fregaba los platos,

lauraayala.sobrehumano@gmail.com

barría el suelo o me ocupaba de cuidar a mis hermanos más pequeños.

No tenía un solo amigo en quien confiar, nadie con quien compartir mis miedos y secretos. Las risas de los niños que solía escuchar en el patio era para mí un susurro lejano, una mueca de lo que podría haber sido mi vida. En las pocas ocasiones en que me aventuraba fuera de la casa, me sentía como una extraña en un mundo palpitante y lleno de color.

Las risas de los demás sonaban en mi cabeza como un canto lejano, recordándome lo que había perdido. Esa soledad era un peso que llevaba en mi corazón. No había espacio para ser niña. Cada tarea era una carga, y a menudo me encontraba deseando poder ser alguien más, alguien que pudiera salir corriendo a jugar sin preocupaciones. Pero siempre había algo que hacer. La sensación de estar atrapada se volvía cada vez más intensa; y mis pensamientos estaban llenos de un vacío profundo e interminable.

En esos momentos en los que me sentía como una prisionera en mi propia casa, encontré un refugio

lauraayala.sobrehumano@gmail.com

inesperado: la imaginación. Los libros se volvieron mis aliados más leales, y con ellos, mi mente podía viajar mucho más allá de esas paredes. La saga de *"Sandokán, El Tigre de la Malasia"* era la gasolina de mis sueños de aventura. Entre esas páginas, podía sumergirme en mundos donde el amor era siempre épico, y la valentía era la única moneda para la victoria.

Todo iba de maravilla… hasta que cerraba el libro y la realidad volvía a golpear como un balde de agua fría. Entonces, me encontraba de vuelta en un hogar que parecía alérgico a mis sueños y con cero simpatías por mis grandes ilusiones. Las responsabilidades que me caían encima eran abrumadoras, y el aislamiento emocional tampoco ayudaba. A veces me daba la impresión de que cada oportunidad pasaba de largo, como si no pudiera verme esperando en la parada.

Esa sensación de estar atrapada se volvía cada vez más intensa, y la esperanza era algo así como intentar sostener agua en las manos: entre más apretaba, más se deslizaba. Pero, aunque no tenía

lauraayala.sobrehumano@gmail.com

idea de cómo iba a cambiar mi situación, había algo que tenía claro: no iba a rendirme. Día a día, seguía adelante, con la esperanza firme de que un día encontraría el coraje para romper esas cadenas invisibles y volar lejos.

Miro hacia atrás y veo a esa niña, con todas sus batallas y todas sus "limitaciones" (vaya, ¡qué limitaciones!). Lo que ella no sabía entonces es que estaba acumulando recursos para la mujer en la que me convertiría: resiliente, imparable y con un sentido del humor lo bastante fuerte como para reírse hasta de las piedras en el camino.

A veces pienso que aquella versión de mí fue la primera en saber que, un día, rompería el molde. Sí, había reglas, tradiciones y expectativas —y también mucho drama—, pero si algo saqué en claro de esa infancia es que, aunque la vida te dé un guion complicado, tú decides cómo interpretarlo. ¿Desafíos? ¡Claro que los había! ¡Pero también con ellos vino en mi dotación: un arsenal completo de determinación!

lauraayala.sobrehumano@gmail.com

Así que, a todas esas limitaciones, solo puedo decirles: gracias por el entrenamiento. Porque de ellas nació la mujer que soy hoy, con una vida llena de posibilidades, metas y, sí, mucha risa. Y si alguien pensó que aquella niña se iba a quedar en el pasado, dejando que alguien más definiera su futuro... bueno, se quedará esperando, porque esa nunca fui yo.

Esa fue mi experiencia, pero ¿qué de la tuya? Hoy estamos aquí, tú y yo, coincidiendo en este punto del camino. Estamos compartiendo estas páginas y revisando esta, mi historia, que no busca tu lástima ni tu compasión. ¡No, señor! Esto es más bien una invitación, un llamado a la acción para que tomes tu propio guion —con todas sus dificultades, desvíos y sorpresas— y lo hagas tuyo.

Recuerda que no hay limitación que pueda detenerte cuando decides ser quien realmente eres. No importa cuántas veces parezca que la esperanza se escapa o que los días pasan de largo sin mirar hacia atrás, ¡tú eres el capitán de tu propio barco! Tú eres quien elige cómo sostenerse y cómo seguir

lauraayala.sobrehumano@gmail.com

avanzando, aunque a veces parezca que las olas están en tu contra. Puedes hacer de cada desafío una pieza de tu propio arsenal.

Si alguna vez sientes que tus sueños no encajan en la vida que otros te imaginan, déjame decirte algo: ¡claro que puedes romper el molde! Atrévete a rediseñar tu historia, a vivir con humor y a desafiar cualquier límite que intente detenerte. Después de todo, ¿quién quiere encajar en un molde aburrido? El viaje es tuyo ¿qué esperas para empezar? Elige la aventura, busca tu propio rumbo y no te conformes hasta encontrar tu libertad. ¡Adelante, construye esa vida que merece tu risa y tu pasión!

Y recuerda, esas cadenas invisibles que intentan mantenerte en la cautividad son solo adornos de mal gusto que tú puedes deshacer con un buen par de tijeras. ¡Así que no dudes en afilar tus herramientas y cortar de una vez lo que no te sirve! La libertad está a solo un corte de distancia; ¡Solo hace falta que te atrevas a hacerlo!

lauraayala.sobrehumano@gmail.com

Capítulo 2: La lucha por ser diferente

A veces, el pasado grita con tanta fuerza, que parece imposible escapar de sus garras. Sin embargo, en medio de ese murmullo asfixiante, puede surgir un atisbo de determinación: el deseo de ser diferente, de romper con los ciclos de dolor y sufrimiento y hacer una diferencia.

Mi casa era una dictadura, y eso se hacía evidente cada día en la mesa del comedor. A la cabecera se instalaba el trono de mi padre. Cada noche, debíamos sentarnos todos en el lugar asignado para cada uno, como si fuera una coreografía preestablecida.

El extremo principal de la mesa del comedor era el centro del universo en el reino de miedo de mi padre. Mi madre, siempre ocupaba el otro extremo de la mesa, cerca de la cocina, lista para levantarse y servirle lo que pidiera, como si fuera un rey insaciable.

Él, con su aire altivo, tenía el poder de hacer que todo girara en torno a su persona, incluso en lo más pequeño. Si se le caía una servilleta al suelo, no era él quien la levantaba. No. Me miraba, con esa mirada que perforaba, y me ordenaba:

—*Usted, nena, levánteme eso.*

Y yo lo hacía. Siempre lo hacía. No había margen para la rebeldía. Nadie podía ni siquiera reírse en torno a la mesa, nadie podía hacer bromas. Las risas eran un pecado en su dictadura de terror.

Recuerdo una vez en la que nos atrevimos a reír. Una pequeña burbuja de alegría se coló en la mesa, y todos reímos, pero él, frío como el acero, me señaló directamente a mí, recriminando ese pecado de frugal felicidad, y atribuyéndomelo:

—*Usted, ¿por qué demonios se ríe?* —dijo mirándome con asco, y añadió con dureza: —*Apenas cuando yo diga mierda, entonces es que tendrá usted permiso para hablar.*

Soltó aquella frase como si fuese una sentencia. Sentí que mis ojos se llenaban de lágrimas, pero no lloré. No podía darle el gusto de llorar. Sentí cómo esa primera gran angustia se alojaba en mi garganta, un nudo que me impedía incluso tragar el poco alimento que tenía en el plato.

Sabía que no debía mostrar cuánto me había lastimado. Hubiera sido peor. Además, no quería darle ese poder. Él, satisfecho con su victoria, terminó su vergonzoso decreto:

—*Y cuando yo diga sorete, entonces responderá.*

La cena continuó en un silencio opresivo. Era como si cada bocado se tragara junto con una dosis de miedo y humillación. Mientras para mis hermanos siempre había algo, yo era la sombra en ese reino de escasez. Mi hermana mayor, con su salud delicada, era tratada como una princesa caprichosa, mientras yo, la hija del medio, solo recibía lo que sobraba, si acaso.

La lucha por ser diferente no es sencilla. Requiere coraje, valentía, y a menudo, un profundo sentido de soledad. Cada día es un desafío. Cada decisión un acto de rebeldía contra las lecciones aprendidas en un hogar tóxico. Desde muy pequeña, cada lágrima que caía y cada grito que escuchaba en el hogar me recordaban la fragilidad de la vida que me rodeaba.

Pero aquel ambiente hostil, lleno de violencia y toxicidad, encendió una casi imperceptible porción de determinación que fue suficiente para mí. Decidí que no seguiría el mismo camino que mis padres. No quería ser una víctima de mis circunstancias; anhelaba ser diferente.

A veces, mi madre conseguía ropa usada de otras personas. Pero lo mejor era para otros; para mí, lo que sobrara: zapatillas que me quedaban grandes, pantalones ajenos, o prendas que no me pertenecían. Mis padres, en cambio, no iban mal vestidos. Aunque me repetían sin cesar que éramos pobres, yo sabía de alguna manera que para ellos sí había. Para mí, nunca.

lauraayala.sobrehumano@gmail.com

Miraba a mi alrededor, observando a otros padres, y comparándolos con los míos. Me preguntaba: *¿Cómo podían criar a sus hijos en un ambiente de amor y respeto, mientras los míos nunca pudieron encontrar la manera de darme el cariño que nunca tuve?*

Mi mente se empezó a llenar de sueños de una vida más brillante. Sin embargo, el camino hacia esa vida ideal no sería fácil. A medida que crecía, me enfrenté a innumerables obstáculos, cada uno más desafiante que el anterior. Las cicatrices de mi infancia me perseguían, pero en lugar de rendirme, elegí luchar.

Pintar era mi escape. Y lo hacía con lo que consiguiera, dibujaba animales salvajes con pedazos de carbón que encontraba. Felinos enormes, con garras afiladas, rugiendo, siempre en posición de defensa. Eran mi espejo, mi manera de gritarle al mundo que necesitaba protección, sin decir una sola palabra.

lauraayala.sobrehumano@gmail.com

En casa, sin embargo, esa pasión por pintar no importaba. Cuando pedía algo para la escuela, algún material para seguir dibujando, la respuesta siempre era la misma:

—*No tenemos dinero. Somos pobres* —Me repetían, una y otra vez. Tanto, que estuvo a punto de que esas palabras se tatuaran en mi mente. Pero me revelé. No quería ser así. No quería ser como ellos.

Mi verdadera aventura comenzó en el momento en que me decidí a romper con todo lo que había conocido. Un impulso casi invisible me empujó a cambiar, a escaparme de las cadenas de la violencia, el abuso y esa maldita mentalidad de escasez que parecía envolverlo todo.

Pero a los ocho años, mi deseo de escapar chocó con la realidad de entrar en una nueva prisión: una fábrica de trapos. Mi madre me encontró empleo en ese lugar, y los dueños no desperdiciaban ni un ápice de inocencia; nos explotaban sin remordimientos. Esa primera vez, mi madre me llevó hasta allí, y recuerdo cómo me tragó la oscuridad del amanecer mientras cruzaba las puertas de la fábrica.

A partir de ahí, día tras día, entraba al amanecer y no salía hasta que el sol ya se había escondido, como si no tuviera permiso para ver la luz. ¿Mi paga? Pelusa de trapos, toneladas y toneladas de trapos. La pelusa se metía por todos lados: ojos, nariz, boca... ¡hasta en la lengua! Mi trabajo era separar esos trapos por color, una bolsa tras otra, hasta que las manos se me teñían de mugre y el corazón se me iba tiñendo de desesperanza.

Poco a poco, me volví una niña silenciosa, casi autómata, incluso a la hora de llorar. No es que pensara en mi situación como una esclavitud, en el sentido literal, pero había algo en esa rutina inalterable, y en el aislamiento que me hacía sentir atrapada, como una prisionera de algo que ni siquiera podía ver. Una cautiva invisible.

Aprendí a soportar. Me hice dura como una roca, porque de lo contrario, me hubiera quebrado por completo. La lección para mí era clara: la vida me había dado una infancia dura, pero no por ello debía convertirme en lo mismo que me rodeaba. Estaba decidida a cambiar esa realidad cuando pudiera.

La idea de "ser diferente" me daba una especie de refugio mental, algo a lo que aferrarme mientras enfrentaba el trabajo agotador y alienante de la fábrica. Imaginar una vida distinta, aunque fuera un pensamiento casi subconsciente, me ofrecía un atisbo de esperanza en medio de la rutina.

Mi aspiración de liberarme de los patrones de abuso y mentalidad de escasez por medio del trabajo arduo me dio una sensación de control, una idea de que podía hacer algo distinto con mi vida, debía aprender a valerme por mí misma por medio del trabajo, para estar lista cuando llegara el momento de aquel sueño lejano de libertad.

En vez de ver la fábrica solo como una prisión, empecé a verla como algo temporal, como un "paso en falso" del que algún día saldría para crear mi propia historia.

lauraayala.sobrehumano@gmail.com

Aunque lograba relacionarme medianamente con los demás niños en la escuela, nunca llegué a tener amigos cercanos. Ir a casa de alguien era casi una misión imposible, y que alguien viniera a la mía... bueno, eso era más improbable que ver nevar en verano. Parecía como si hubiera un muro invisible, separando mi mundo del de los demás. Sin embargo, en la escuela me adaptaba, moviéndome con cierta destreza tímida y silenciosa, como una sombra que sabía cómo esquivar miradas.

Mi padre, por su parte, solo me notaba cuando necesitaba una mano extra para las tareas de la casa. Mi madre tenía una especie de "trato VIP" para mis tres hermanos. A ellos los trataba como si fueran de porcelana fina, mientras que a mí me mantenía a prudente distancia.

Aunque lograba relacionarme medianamente con los demás niños en la escuela, nunca llegué a tener amigos cercanos. Ir a casa de alguien era casi una misión imposible, y que alguien viniera a la mía... bueno, eso era más improbable que ver nevar en verano. Parecía como si hubiera un muro invisible, separando mi mundo del de los demás. Sin embargo, en la escuela me adaptaba, moviéndome con cierta destreza tímida y silenciosa, como una sombra que sabía cómo esquivar miradas.

Mi padre, por su parte, solo me notaba cuando necesitaba una mano extra para las tareas de la casa. Mi madre, tenía una especie de "trato VIP" para mis tres hermanos. A ellos los trataba como si fueran de porcelana fina, mientras que a mí me mantenía a prudente distancia.

Para unirme a ellos, primero tenía que completar las interminables "tareas de la casa". Y, claro, por mucho que me apurara, siempre surgía algo más: un plato mal secado, una mancha rebelde en el piso... ¡incluso el polvo parecía revivir!

Finalmente, cuando me atrevía a decir "¡Terminé!", mi madre me lanzaba una mirada que ya me conocía de memoria, acompañada de un "consejito" que venía en formato de orden:

lauraayala.sobrehumano@gmail.com

—*Agarra un libro cualquiera y lee de la página uno a la cien.* — Así pasaban mis tardes: el bullicio de los juegos afuera se iba desvaneciendo entre las líneas de esas páginas obligatorias. Y mientras las horas de la tarde se arrastraban, yo leía y soñaba con escaparme, pero no hacia una fantasía cualquiera… sino directo al patio, para ser parte de los juegos también.

No obstante, el sol se despedía y la noche tomaba el relevo y mis ilusiones se esfumaban, porque el ciclo volvía a empezar: cena, platos, limpieza… y la certeza de que esa rutina interminable seguiría ahí al día siguiente.

Cuando los libros se acababan, mi madre no se daba por vencida. Encontraba nuevas formas de mantenerme ocupada. Inundaba mi vida de hojas y hojas llenas de cuentas interminables: sumar, restar, dividir, multiplicar... Los números se desbordaban como un mar de ecuaciones sin fin.

Cada vez que pensaba que finalmente había llegado al final, ¡sorpresa! Ahí estaba otra hoja, como si mi

lauraayala.sobrehumano@gmail.com

destino fuera el quedarme atrapada en esa red de números, mientras el mundo allá afuera seguía girando, ajeno a mi heroica batalla con la aritmética.

Un evento de mi infancia talló a fuego mi carácter para lograr ser diferente. Era una niña frágil, enfermiza. El asma me robaba el aire, apagaba mi energía y me dejaba semanas enteras sin poder ir al colegio. Incluso las uñas de mis pies parecían rendirse, en esas batallas por la salud, infectándose como si mi cuerpo tuviera una lista interminable de pequeñas rebeliones.

Un día, el médico le recomendó a mi madre que me inscribiera en clases de natación para fortalecer mis pulmones. Pero, fiel a su lógica única, ella decidió algo mejor: me apuntó a clases de artes marciales gratuitas, en una escuela que quedaba a 12 cuadras de nuestra casa, más allá de una villa que no era precisamente turística. Y, aunque en su momento no lo entendí, resultó ser el mejor cable a tierra que me pudo haber dado.

Mi profesor era un devoto de Bruce Lee, un hombre de pocas palabras, pero con una intensidad en la mirada que hablaba por él. Esto no era una película de acción; aquí no había glamour ni reverencias pulidas. Lo que aprendimos era callejero, crudo, una mezcla de técnicas para defenderte cuando el mundo real te mostraba los dientes.

Desde la primera clase, algo dentro de mí se despertó, como si esos movimientos de combate sacudieran el polvo de mi alma. Tres veces por semana, me plantaba en la puerta de la casa, lista para sumergirme en ese emocionante mundo, vestida con lo que tenía puesto, porque la moda no importa cuando se es una guerrera en formación.

Pero, aunque fue mi madre quien me inscribió en la escuela de artes marciales, siempre tenía una lista de excusas para frenar mi entusiasmo:

—*Hoy no hay dinero* —Era su frase favorita, —*No podemos llevarte* —Era otra de las que usaba— *Somos pobres.* —Era la que, en última instancia, prefería usar. Pero esas palabras no podían apagar lo que ya ardía en mí como un fuego inextinguible.

Todo cambió cuando cumplí 9 años. Decidí que ya no iba a pedir permiso, ¡era hora de pedir direcciones!

—*Muéstrame el camino* —le dije a mi madre con determinación, y así aprendí a recorrer esas 12 cuadras sola, cruzando la villa y desafiando la soledad de las calles desiertas cada lunes, miércoles y viernes, de 8 a 10 de la noche. ¡Ni el clima podía detenerme! Fuera verano o invierno, lloviera o hiciera calor, allí estaba yo, como un pequeño torbellino en movimiento.

El miedo siempre me acompañaba, acechándome junto a las sombras, pero, aun así, ¡nunca faltaba! Recuerdo cómo me envolvía el terror al regresar, como una manta pesada que intentaba abrazarme. Mis pulmones luchaban resistiéndose a mi deseo de seguir, amenazándome con desatar una crisis asmática, pero en mi mente resonaba el mantra: ¡Soy una guerrera de artes marciales!

lauraayala.sobrehumano@gmail.com

Mi profesor me enseñó a mantener el pecho erguido, y a desafiar el miedo. Corría como un caballo desbocado en las noches de entrenamiento, dejando atrás esas sombras inquietantes, convencida de que había algo más profundo que el miedo guiándome. Sentía un poder invisible dentro de mí, una fuerza más grande que cualquier enfermedad o golpe que pudiera enfrentar.

En casa, la vida era un maratón de deberes interminables. Mi madre, siempre ocupada o distante, me cargaba con trabajos que muchos considerarían imposibles. Lavaba ropa a mano en pleno invierno, con el agua helada mordiendo mis dedos; cocinaba, planchaba y cuidaba a los perros, todo sin rechistar.

Hacía lo que fuera necesario para que no hubiera razón para prohibirme mis clases. ¡Cualquiera diría que estaba dispuesta a cargar con el mundo solo para mantenerme recibiendo y dando golpes en la escuela de artes marciales!

lauraayala.sobrehumano@gmail.com

Había encontrado mi refugio en la figura de mi profesor, ese "Bruce Lee argentino" que, aunque no tenía un cinturón de seda, sí tenía un par de habilidades que hacían temblar hasta a los más valientes. El dojo era el único lugar donde sentía que realmente estaba aprendiendo algo que importaba: resistir, persistir y seguir adelante, como una guerrera que luchaba contra el mundo.

Mis sueños de convertirme en una especie de samurái me daban fuerzas. Aprendí a controlar mi respiración, a conocer mis límites, a empujarme hasta el borde de una crisis asmática y retroceder justo a tiempo, para que no me afectara más de la cuenta, como una acróbata que se equilibra en la cuerda floja de la vida.

A veces, yo misma me hacía trampa, diciéndome que todo estaba bien, aunque el silbido del asma sonaba como una alarma en mi cabeza. Era un tira y afloja; algunas veces yo ganaba, otras veces, el asma resultaba vencedora.

lauraayala.sobrehumano@gmail.com

Pero algo dentro de mí estaba cambiando: ya no sentía los golpes en mi casa como antes. Comencé a verlos como parte de un entrenamiento, como si cada uno fuera un recordatorio de que, después de todo, seguía de pie, lista para la próxima ronda.

A menudo, cuando todos dormían, me levantaba en la oscuridad y practicaba las posiciones de mano desde mi cama, perfeccionando cada movimiento en mi mente. Golpeaba la pared con mis puños, en silencio, como si estuviera ensayando para un espectáculo.

Esa luz en mis ojos y ese fuego en mi pecho eran lo único que me mantenían a flote. El brillo de mis sueños era mi forma de sobrevivir y, de paso, una excelente manera de evitar que el insomnio me arrastrara.

Con el tiempo, mi profesor empezó a notar mi dedicación. Sin decir mucho, me fue dando más espacio en las clases, confiando en mí y valorando mi esfuerzo. Sentí por primera vez que estaba

lauraayala.sobrehumano@gmail.com

haciendo algo bien, que mi sudor y sacrificio tenían sentido. Hasta que, un día, todo cambió.

El profesor nos reunió a todos y, con una tristeza en los ojos que jamás olvidaré, nos dio la noticia: ¡las clases terminaban! El lugar donde entrenábamos ya no estaba disponible, y él se mudaría a otro sitio, lejos de allí. Tenía solo 10 años, y en un abrir y cerrar de ojos, mi mundo se desmoronó. El dolor que sentí fue como un golpe en el cuerpo o una bofetada en el alma.

Fue algo más profundo, como si alguien hubiera roto un juguete querido, o como si un sueño apreciado se hubiera vuelto añicos después de caer al suelo. Las clases terminarían, pero esa experiencia marcial dejaría para siempre una huella en mi corazón.

Aunque las clases desaparecieron, lo que asimilé en ese pequeño gimnasio de paredes grises se quedó grabado en mi ser. Aprendí que el esfuerzo sí paga, y que la disciplina, atada a la resistencia, puede llevarte más lejos de lo que jamás soñaste.

lauraayala.sobrehumano@gmail.com

Desde ese momento, supe que no importaba cuántas veces cayera, siempre tendría la fuerza para levantarme. ¡Eso es lo que hacemos los guerreros!

Así que, mientras la última campana sonaba en el gimnasio de artes marciales, decidí enfocar mi atención hacia mis estudios, creyendo que la libertad y el conocimiento me esperaban allí con los brazos abiertos.

Mi escuela estaba a una hora de distancia, en el otro extremo de la ciudad, en un lugar que parecía tan lejano como mis sueños. Mis padres pensaban que, si me enviaban tan lejos, pronto me cansaría y abandonaría. Creían que mi voluntad, desgastada por la distancia y el esfuerzo, se quebraría. ¡Pero ellos no conocían a esta chica!

Cada día me levantaba con un propósito firme, como una heroína de mi propia historia. Empecé a guardar, moneda tras moneda, parte del dinero que ganaba trabajando. Lo suficiente para pagar mi boleto escolar y comprar tal vez una hoja o dos para la escuela.

lauraayala.sobrehumano@gmail.com

Esas pequeñas acciones, aunque simples, me mantenían viva, porque cada paso hacia esa remota escuela era un paso más lejos de la opresión de mi hogar, un paso más cerca de una libertad que parecía inalcanzable. Mientras caminaba, la brisa fría me recordaba que aún estaba aquí, que aún resistía.

A veces, mis pensamientos se oscurecían. Deseaba escapar de todo y pensaba en la muerte como una puerta, una salida de esa prisión invisible que eran mis días. Veía mi libertad tan lejana como estaba de remota mi mayoría de edad, pero a pesar de todo, algo en mí se negaba a rendirse.

Quería más de la vida. Quería ser alguien, no solo un reflejo de los gritos y los "no" que inundaban mi casa. Así que, decidí enfilar mis esfuerzos, para acercarme un poco más a la vida que merecía. ¡Y no iba a dejar que nada me detuviera!

Mis padres eran expertos en decirme "no". Cuando tenía 12 años y llegó el momento de elegir mi

lauraayala.sobrehumano@gmail.com

orientación para el colegio secundario, cada idea que proponía se encontraba con un portazo.

Cuando les dije que quería ser Maestra Mayor de Obras (MMO), la respuesta fue un rotundo: "No". Lo intenté de nuevo, esta vez con el sueño de ser pintora, y otra vez, ese "no" resonó como un tambor. ¡Entonces déjame ser abogada! ¡Eso tampoco! Todo era demasiado caro, inalcanzable.

A esa edad, sabía que, si elegía bien, podría allanar el camino hacia la carrera de mis sueños. Pero rendirme no estaba en mi vocabulario, así que me armé de alternativas.

—*Puedo estudiar en las bibliotecas y caminar para ahorrar dinero*—. Pero nada; la muralla seguía en pie, firme en su rechazo: "No".

Incluso probé con la idea de ser militar, seducida por la disciplina y el honor. Pero de nuevo, el eco de los "no" me empujaba contra una pared estática. Sin embargo, en mi mente, siempre había un refugio: una realidad diferente donde podía decidir mi propio destino. La imaginación se convirtió en mi superpoder. Cuando finalmente llegué a la secundaria, me aferré a la rutina y a la estructura como un barco a su ancla.

La disciplina me dio alas, y el hábito de ocuparme de todo se convirtió en mi carta de supervivencia. Trabajaba por las mañanas con un tío lejano de mi madre, ayudándolo en lo que podía. Era un "arregla tutti", como le decimos en Argentina a alguien que hace de todo: albañil, fontanero, pintor de paredes, y aparte, también se hacía cargo de un edificio. Yo era su asistente, y aunque el trabajo era duro, al menos él compraba mis útiles escolares. ¡Todo un detalle!

Entre brochazos, reparaciones y clases, aprendí que los "no" eran solo obstáculos temporales. Al final del día, cada rechazo me daba más fuerza para seguir adelante y construir mi propio camino, uno que estaba decidido a llenar de color y posibilidades.

Mi tío no tenía hijos, pero sí una esposa inválida que me detestaba a más no poder. A veces, sus maltratos

lauraayala.sobrehumano@gmail.com

eran más duros que el trabajo en sí, pero los aguantaba. Porque, a su manera, mi tío se preocupaba por mí de una forma que no encontraba en otro lado.

Me daba de comer, y con cada plato que me ofrecía, me recordaba que él me veía, que estaba pendiente de mí, que yo existía para alguien. Esos momentos de cuidado eran pequeños rayos de sol en un día nublado. Y eso me hacía leal a él.

Con el paso del tiempo, la esposa de mi tío falleció, y mi relación con él cambió, pero al poco tiempo de eso, sentí que otra puerta se cerraba. Mi tío ya no me permitiría trabajar a su lado; decía que ahora era "una mujercita" y que no debía hacer "cosas de hombres".

En lugar de eso, me consiguió un trabajo de niñera durante los veranos. Odiaba esas labores, me sentía atrapada y explotada, como un pez fuera del agua.

Cuidaba a tres niños malcriados, mientras sus padres me observaban con miradas de desconfianza. Si algo faltaba en la casa, sabía que me acusarían sin dudarlo. En algunas ocasiones me amenazaban con decirle a mi tío, que yo era una ladrona, incluso sin haberme robado nada.

A los 14 años, una mañana, mi madre me sorprendió con el golpe que más temía:

—*No vas a ir más al colegio. Necesitamos que trabajes y cuides a tus hermanos.*

Sentí cómo el aire abandonaba mis pulmones, como si me hubieran cerrado la única ventana por la que podía ver la luz. Pero en lugar de rendirme, decidí pelear. Con una mente más abierta y consciente de las injusticias a mi alrededor, empecé a pedir, a suplicar suavemente que no me dejaran sin escuela. Había trabajado, y soportado tanto...

En séptimo grado, pasé todo el año en la bandera, destacada con las mejores calificaciones, pero, sorprendentemente, nadie vino a reconocerlo. Estaba sola en esa batalla, pero no me dejaría vencer. Seguiría adelante como una guerrera en

lauraayala.sobrehumano@gmail.com

busca de su propio destino. ¡Nadie dijo que el camino iba a ser fácil!

Con mejores notas que nunca, trataba de convencer a mis padres. Pedía libros prestados a mis compañeras, que los dejaban de lado hasta el último momento. Cuando el profesor anunciaba una prueba, me convertía en la reina del *"préstame un libro, porfa"*. Y funcionaba. Mis notas eran mi grito de resistencia, mi forma de demostrar que, aunque quisieran apagarme, seguía brillando más que una estrella en el firmamento.

Finalmente, me inscribieron en una escuela aún más lejana, a 36 cuadras de ida y otras 36 de vuelta que solo accedía con dos colectivos por tramo. A veces hacía el recorrido dos veces al día por las clases de gimnasia temprano. Sin dinero para el boleto, y mucho menos para comer, pero eso no me detuvo.

Encontré una amiga increíble que comenzó a compartir conmigo un poquito de su almuerzo, y poco a poco, se convirtió en mi confidente. Me hizo sentir menos sola, y me enseñó que, a pesar de que el mundo podía parecer un lugar implacable, siempre hay almas buenas dispuestas a tender una mano.

Pero en casa, la presión seguía. Querían que dejara de estudiar. Trabajaba los fines de semana y entregaba todo lo que ganaba. Era como una pequeña superheroína que luchaba contra molinos de viento. Para hacer dinero extra, vendía dibujos de un tal Fido Dido que hacía a mano, juntando monedas como quien coleccionaba puntos en un videojuego.

Cada moneda que entregaba, y cada paso que daba hacia esa escuela lejana, era un acto de resistencia, de supervivencia. Y aunque los "no" seguían lloviendo sobre mí como si fueran granizos, cada "no" me hacía más fuerte, más decidida a ser la mujer que siempre supe que podía ser.

Al mirar hacia atrás, me doy cuenta de que el mayor acto de rebeldía en mi vida no fue romper reglas, alzar la voz o desafiar a la autoridad. No, mi verdadera revolución fue negarme a ceder, a rendirme a esa versión pequeña y limitada de mí misma que otros querían imponerme.

Decidí, costara lo que costara, que iba a ser diferente. Mientras mi entorno intentaba ahogarme en el conformismo, yo elegí nadar a contracorriente y aferrarme a mis sueños, aunque parecieran tan lejanos como una estrella fugaz.

No fue fácil, por supuesto. ¿Cuántas veces sentí que el mundo entero se confabulaba para aplastar mi espíritu? Incontables. Cada vez que alguien me decía "no" o intentaba ponerme un freno, sentía cómo el peso de sus expectativas caía sobre mis hombros, tratando de doblegarme.

Pero, curiosamente, con cada negativa, algo dentro de mí se fortalecía. Era como si un fuego ardiera con más intensidad en mi pecho. Si iba a sobrevivir a todo esto, tenía que ser porque yo me convertiría en algo más, algo distinto. Alguien mucho mejor de lo que mi entorno dictaba.

lauraayala.sobrehumano@gmail.com

Anhelaba ser diferente. No solo por mí, sino porque sabía que esa diferencia, esa resistencia, sería mi legado. Había visto demasiado sufrimiento en mi vida, demasiada gente resignada a su dolor, aceptando lo que les imponían sin cuestionar. Y me prometí que yo no sería solo un nombre más en esa lista.

Quería demostrarme a mí misma que podía elegir mi propio camino, incluso si cada paso me costaba lágrimas y sacrificios. ¡Y vaya que lo hice! Porque al final, cada lágrima se convirtió en una pequeña luz que iluminó mi camino hacia lo que realmente quería ser.

La libertad, en mi mente, siempre ha estado entrelazada con la educación. No se trataba solo de libros o solicitudes; para mí, estudiar era la llave que me abriría un mundo lleno de oportunidades. Era mi pasaporte para escapar de los ciclos que habían atrapado a tantas personas antes que yo.

No importaba cuántos kilómetros tuviera que recorrer, cuántas monedas tuvieran que juntar, o

lauraayala.sobrehumano@gmail.com

cuántas veces tuviera que silenciar mis emociones para sobrellevar el día a día. Tenía claro, casi instintivamente, que mientras siguiera luchando por mi educación, estaba apostando por mi futuro, invirtiendo en mi libertad.

Así que me mantuve firme, porque ser diferente no era solo una opción; era una necesidad, una promesa que me hice a mí misma. A veces, en los momentos más oscuros, parecía que todo conspiraba para hacerme desaparecer. Pero siempre regresaba a ese compromiso interior. Si alguna vez abandonaba, si dejaba que me arrebataran lo único que me hacía sentir viva, ¿qué quedaría de mí?

Hoy sé, que ese anhelo de ser diferente fue lo que me salvó. Fue mi fuerza en los días más grises y mi escudo contra la adversidad. En esa búsqueda incansable de ser algo más, encontré la verdadera esencia de quién soy. Aunque aún no me reconocía por completo como mujer, ni tenía totalmente claro el panorama que debía seguir, sabía que sería más

lauraayala.sobrehumano@gmail.com

de lo que querían imponerme. Yo tenía un destino diferente al de mi entorno.

A lo largo de este emocionante viaje, descubrí algunas verdades que simplemente no puedo guardar para mí. Así que, prepárate, porque sé que no soy la única que ha sentido ese ardor interno, esa incontrolable necesidad de ser diferente y no conformarse.

Estoy segura de que, como yo, tú has tenido momentos en los que el mundo parece decidido a frenarte. Pero aquí está la buena noticia: dentro de ti también hay una fortaleza que te capacita para superar cualquier obstáculo, ¡y eso es algo que ni el universo puede apagar!

Primero, dejemos algo claro: el verdadero poder no viene de los recursos o las oportunidades que te lanzan a la cara. El poder más asombroso que tienes está en tu voluntad, en tu decisión de seguir adelante, sin importar cuántas veces te digan "no". Cuando yo empecé, no tenía más que mis sueños y un toque de locura por ser diferente, pero te juro que eso era más que suficiente.

lauraayala.sobrehumano@gmail.com

Así que no dejes que nadie te convenza de que no tienes lo que se necesita para alcanzar tus metas. Tu deseo de romper con lo que no te sirve ya es un acto de valentía digno del héroe de una película.

Otra gran lección que aprenderás es que, por más que las circunstancias intenten hacerte callar tus sueños, ¡siempre tienes una opción! Puede que en algunos momentos te sientas como el único gladiador en una arena desierta, pensando que tu esfuerzo no es visto ni valorado. ¡Pero no estás solo!

Escúchame bien: cada pequeño paso que das hacia tus sueños, cada día en que decides no rendirte, es una victoria silenciosa, una semilla que estás sembrando para tu futuro. Y esas semillas, créeme, florecen, aunque a veces necesiten un poco más de tiempo. Tu esfuerzo cuenta, incluso si no lo ves de inmediato. Y esa es la opción que realmente importa.

También descubrirás que luchar por ser diferente no es únicamente un desafío personal. Cuando eliges el camino menos transitado y te niegas a conformarte, te conviertes en una fuente de ignición

lauraayala.sobrehumano@gmail.com

que enciende a otros. Hay gente que se inspirará en tu ejemplo, ¡aunque ni siquiera llegues a saberlo!

Puede que haya alguien ahí afuera, un amigo, un familiar o hasta un desconocido, que observa tu vida y encuentra fuerza en tus pasos. Tu lucha no solo te libera a ti; también abre puertas para que otros se atrevan a ser auténticos.

Así que, te pregunto: ¿Qué es eso que te hace único? ¿Cuál es esa pequeña llama en tu corazón que no te deja conformarte, y que te impulsa a buscar más? Escucha esa voz interna y síguela aunque el mundo parezca empeñado en hacerte retroceder.

Al final del día, lo que te hará diferente es precisamente lo que te da la fuerza para avanzar, y para construir la vida que realmente deseas. Ser diferente no es una desventaja; ¡Es tu superpoder!

Algo fundamental que aprenderás en este camino es que ni el dolor ni las dificultades definen quién eres.

lauraayala.sobrehumano@gmail.com

Lo que realmente te define es cómo eliges responder a tus propios desafíos.

La verdadera fortaleza no está en lo que la vida te ofrezca, sino en la forma en que te levantas, una y otra vez, decidiendo que tu historia será de resiliencia, crecimiento y transformación, en lugar de derrota. ¡No te quedes con lo que te den, busca lo que quieres!

Con todo mi corazón, te invito a luchar por eso que te hace único. A resistir cuando todos a tu alrededor te dicen que abandones. A ser auténtico, aunque te cueste sangre y lágrimas. Porque al final, cada pequeño paso que des marcará esa gran diferencia que te llevará hacia la vida que mereces.

*¡Ánimo! ¡Lucha por **ser diferente**, descúbrete a ti mismo, y abraza tu propio poder!*

lauraayala.sobrehumano@gmail.com

Capítulo 3: El Camino del Sacrificio

Crecer sin afecto es como caminar descalzo por un campo de piedras. Sientes cada piedrita, el frío o el calor, cada punzada, pero el consuelo... ese nunca aparece. Mis pies, más curtidos que la suela de una bota vieja, recorrieron ese desierto de silencios, miradas esquivas y manos cerradas. En mi casa, los abrazos y las palabras suaves estaban en el menú, pero nadie los servía. La jornada era una lista de tareas por hacer, sin un solo aderezo de cariño.

La infancia me dejó una lección clara: no esperes nada de nadie. Era la regla no escrita en mi hogar. Pero en medio de esa austeridad emocional, la vida me dio una sorpresa, un oasis en el desierto: una abuelita de noventa años, para quien trabajaba. La conocí un verano, cuando tenía casi once años.

Me ordenaban hacerle los mandados. Su casa, en un primer piso por escalera, parecía estar suspendida en el cielo, un sitio casi sagrado en comparación con mi mundo. Aquella escalera era como un puente entre dos planetas: el de ella, suave, cálido; y el mío, crudo, sin anestesia.

Al principio, hacía lo que mejor sabía hacer: cumplir con lo que se me pedía, en silencio, sin levantar la vista. Ella me daba la lista, yo iba y volvía con las compras, y el vuelto lo dejaba separado con precisión sobre la mesa. Nada más, cero expectativas.

Pero había algo en esa mujer que me descolocaba. Una especie de brillo en los ojos, una dulzura en la voz que no parecía posible en mi universo. Me tenía intrigada, aunque no entendía bien por qué. Empecé a quedarme unos minutos después de cada mandado, solo para escucharla, para absorber un poco de esa calma que emanaba de ella, como si fuera un sorbo de agua en medio del desierto.

Un día, sin previo aviso, me preguntó si iba a la escuela. Solté un "sí" rápido, sin más. No estaba acostumbrada a que alguien quisiera saber sobre mí, mucho menos a que alguien insistiera en

lauraayala.sobrehumano@gmail.com

preguntarme más allá de un monosílabo. Pero ella no se conformó. Y así, poco a poco, día tras día, la distancia entre esa abuelita y yo empezó a acortarse hasta desaparecer.

Empezó a contarme pequeñas historias, fragmentos de una vida que para mí sonaba como un cuento lejano, como esas películas que solo había visto a través de ventanas ajenas. Y yo, poco a poco, me fui sentando más cerca de ella, hasta que un día, sin darme cuenta, estaba en el suelo a su lado, con mis brazos apoyados en sus piernas, levantando la mirada para no perder ni una palabra de sus relatos.

Hablaba de personas cultas, de su familia, y de tiempos lejanos que parecían imaginarios. Me hablaba de una vida que yo no podía ni suponer, llena de palabras dulces y gestos amables, como si en otro rincón del mundo, la vida fuera distinta. Y mientras escuchaba, algo dentro de mí comenzaba a cambiar. Mi mundo, tan limitado, tan lleno de sombras, se iluminaba un poco más con cada historia que ella me regalaba.

lauraayala.sobrehumano@gmail.com

Un día, mientras mis bracitos descansaban sobre sus piernas y mi cara miraba hacia arriba, esperando el final de una de sus historias, ella hizo algo que cambió mi vida: deslizó su mano con tanta ternura sobre mi cabeza que sentí cómo mi corazón se detenía un segundo, como si necesitara tiempo para comprender lo que estaba sucediendo. Esa caricia, tan simple para otros, fue para mí como si el cielo entero se hubiera abierto. Era el toque de alguien que cuidaba, que veía a la niña que yo era, y en ese instante entendí lo que era sentirse querida, aunque solo fuera por un momento.

Mis ojos se cerraron con esa caricia, y en ese instante, fui feliz. Feliz de una forma tan pura que casi me dolía. Aquella abuelita, sin saberlo, se convirtió en mi refugio, en mi primer atisbo de lo que era el afecto verdadero.

No me importaba hacer los mandados, ni las largas caminatas bajo el sol. Todo valía la pena solo por esos momentos en los que me quedaba a su lado, cuando el ruido del mundo exterior desaparecía y solo existían sus historias y sus caricias.

lauraayala.sobrehumano@gmail.com

Para mí, ella fue una abuelita prestada, un adelanto que la vida me ofreció en el momento en que más lo necesitaba. A través de ella, aprendí que el cariño no siempre viene de quienes te rodean en casa, sino que puede aparecer de formas inesperadas, en lugares que nunca habrías imaginado.

El afecto tiene un poder transformador que va más allá de las palabras y más allá de los gestos. Una caricia sentida profundamente puede sanar años de dolor, una historia contada con ternura puede iluminar los rincones más oscuros de nuestra alma. El amor y la bondad no siempre vienen de donde los esperamos; pueden surgir de los lugares más inesperados, como una flor que crece en la grieta de una acera.

Esa abuelita me dio un regalo más grande que cualquier objeto material. Me dio la esperanza de que la vida podía ser diferente. Ella me demostró que existían personas capaces de ver más allá de la superficie y entregar algo tan sencillo, pero tan valioso, como una caricia.

lauraayala.sobrehumano@gmail.com

Si alguna vez has caminado en soledad por ese desierto de afecto, con los pies cansados y pensando si a alguien le importará que sigas adelante, quizás también hayas soñado cruzarte con alguien que mire más allá de las apariencias y te ofrezca una caricia en el momento exacto en que más la necesitas. Bueno, si es así, quiero que sepas algo: el afecto verdadero y la bondad genuina están ahí afuera, esperando la oportunidad de sorprenderte. Tal vez no lleguen envueltos con el lazo que imaginabas, pero aparecerán cuando menos lo esperes. Y cuando eso pase, no te andes con rodeos; abrázalos. Porque son esos momentos los que nos cargan las pilas para seguir adelante.

Y si estás del otro lado, si tienes en ti la capacidad de ofrecer afecto, hazlo sin guardarte nada. No subestimes el poder de una caricia, ni te limites a pensar que una palabra amable o un gesto de bondad es poca cosa. Créeme, para alguien allá afuera, alguien que quizás haya recorrido el mismo sendero que yo, esa pequeña acción puede ser justo el impulso que necesita para salir del hoyo y mirar el mundo con otros ojos.

Así que, sonríe, abraza, ama y acaricia. Quizás te parezca que eso no va a cambiar al mundo entero, pero te aseguro que, cuando aquella abuelita lo hizo conmigo, me cambió la vida. Y aprendí a ver el mundo con un toque de magia que antes me parecía imposible.

La vida, con sus vueltas y recovecos, tiene su manera peculiar de enseñarnos lo que necesitamos aprender, aunque en el momento no entendamos bien el mensaje. Aquella abuelita, con su bondad y sus historias, me dejó una marca que nunca habría imaginado, y me mostró que, a veces, lo que realmente cambia nuestras vidas no son los grandes eventos, sino la bondad de un gesto cargado de afecto.

Aunque seguí caminando por mi propio desierto de sacrificios, con las manos cargadas de responsabilidades y el corazón aún anhelante de libertad, algo había cambiado en mí. Sabía que, si

lauraayala.sobrehumano@gmail.com

algún día la vida me daba la oportunidad, haría lo imposible por darle a alguien lo que yo nunca había tenido: Amor, afecto y cariño.

El sacrificio y yo éramos viejos conocidos, me seguía como sombra, incluso cuando no sabía ni de qué se trataba. Desde pequeña, aprendí a soltar lo poco que tenía para cederlo a otros, a poner por delante las necesidades ajenas y a dejar mis propios sueños en el último rincón. Pero el verdadero peso del sacrificio me cayó encima ese día en que lo perdí todo… El mismo día en que, sin anestesia, me sacaron de mi casa.

La vida me dio pocas opciones, pero tal vez aquella fue la única elección real que tuve. Fue cuando mi cuerpo, cansado de tantos golpes y amenazas, con el odio de mi propia madre reflejado en sus ojos, decidió decir basta.

Tenía casi 16 años, aunque por dentro sentía que ya llevaba mil vidas encima, como si las heridas fueran antiguas y el cansancio, eterno. Aquella tarde, el escenario era el de siempre: mi madre, furiosa, al punto de casi echar espuma por la boca, estaba dispuesta a descargar su frustración sobre mí. Yo ya sabía la coreografía: encogerme, hacerme invisible y rezar para que la tormenta pasara. Pero esa vez, algo en mí rompió el guion. Algo brotó de la profundidad de mi alma para decir: ¡Basta ya, hasta aquí llegamos!

Cuando ella alzó sus puños, lista para darme otra tanda de golpes, mi cuerpo reaccionó antes que mi mente tuviese tiempo de procesarlo. Años de artes marciales —mi único escape— surgieron como en automático, y de pronto, estaba bloqueando cada golpe que lanzaba mi madre, casi sin esfuerzo. Mis manos atrapaban sus puños y los llevaban hacia abajo, mientras una calma extraña se instalaba en mí.

—¡*Basta de golpes, ya no más!* —le dije. Pero, en realidad, creo que me estaba hablando a mí misma.

El shock en sus ojos fue casi cómico. Algo en mí había cambiado para siempre, y ella lo sabía. No era solo que yo la superaba ahora en estatura y fuerza;

lauraayala.sobrehumano@gmail.com

era que, por primera vez, había roto el ciclo. Su rabia se tornó en una mezcla de sorpresa y furia impotente. Sabía que su poder sobre mí se había acabado.

Ese fue el último día que dormí bajo ese techo que nunca sentí como mío. En cuestión de minutos, mi ropa —la poca que tenía— fue lanzada a la calle. Mi hermana mayor, la protegida de la casa, se unió al espectáculo con un palo en la mano, lista para golpearme si me atrapaba. Pero no lo hicieron. Y mientras gritaban y yo corría, lo único que me llevé fue una pequeña foto de mi hermanita, a quien amaba como si fuera mía.

Me quedé en la esquina de mi casa, como quien llega tarde a una fiesta y se da cuenta de que se ha olvidado la invitación. Miraba la calle como un terreno desconocido, intentando asimilar cómo, en un parpadeo, mi vida había dado un giro tan inesperado. No sabía bien a dónde ir, y mientras la noche caía, mi corazón latía fuerte. Pensaba en mí misma, en esa nueva realidad que se me caía encima como un balde de agua fría. ¿Cómo iba a arreglármelas ahora? ¿Dónde iba a encontrar un lugar seguro, lejos del caos que siempre pareció seguirme? ¿Quién iba a cuidar de mí cuando cayera la noche?

Justo esa última pregunta me hizo reír con pesar: ¿Acaso alguien había cuidado de mí antes? Nadie, siendo sinceros. Sin embargo, sentía cosas ambivalentes: Estaba libre, sí, pero sin rumbo, como una hoja al viento sin un solo lugar donde aterrizar. La ironía me hacía reír y llorar a la vez: ser libre en teoría suena hermoso, pero en la práctica... ¡qué vacío se siente cuando no tienes un lugar al que volver!

Caminé por las calles sin prisa ni rumbo, mis lágrimas se mezclaban con las luces de la ciudad, y sí, el pecho se me apretaba con cada paso, pero algo que me sobraba era coraje. No tenía ni un rincón seguro ni un bocado asegurado. Las plazas de la ciudad se convertirían en mi techo. Sentía que la noche era mi única compañía, y cada crujido o paso cercano me hacía saltar. Cuando el miedo apretaba, me escondía entre los árboles. Y en los momentos

lauraayala.sobrehumano@gmail.com

de soledad, me preguntaba cómo había llegado hasta ahí... pero, a la vez, una pequeña voz dentro de mí decía: *"Por fin eres libre. Sigue. Tú puedes"*.

A veces, cuando menos te lo esperas, y más lo necesitas, la vida te tiende la mano. Una señora, portera de la escuela pública del barrio, fue la primera en notar mi condición. No podía llevarme a su casa, pero me dejó entrar a la escuela para dormir allí, lejos del frío de las plazas y los sobresaltos nocturnos.

Durante un mes, las sillas de madera del comedor fueron mi cama, y la cocina, mi lavandería improvisada. Lavaba mi única prenda ahí mismo, secándola sobre las hornallas. No era un palacio, claro, pero a su manera, aquel sitio se volvió un refugio para mí, un lugar donde pude juntar fuerzas, y reconfigurar las piezas de mi alma.

Pronto, el cocinero también se enteró de mi historia y empezó a dejarme algo de comida. Con el tiempo, aunque el vacío no desaparecía del todo, empecé a construir una rutina. Finalmente, la portera movió

lauraayala.sobrehumano@gmail.com

algunos hilos y consiguió que me dieran empleo en una panadería de otro barrio. Mis estudios quedaron en pausa, pero gané algo mucho más importante en ese momento: la estabilidad y una pequeña independencia.

Al menos tenía un lugar donde ganarme la vida. Aunque el peso de la soledad seguía rondándome, una cosa era segura: yo estaba aprendiendo a levantarme. Cada paso que daba me alejaba un poco más de la esclavitud de un hogar disfuncional, y me acercaba a un futuro desconocido, pero que yo empezaba a dibujar de manera distinta.

A los 16 años, la vida me había lanzado sola al mundo. Miedo e incertidumbre fueron mis compañeros de viaje al principio, y ciertamente, lloraba más de lo que reía. Pero, siendo honesta, ¿qué podía ser peor que lo que ya había vivido?

Lo que más me dolía no era la falta de un hogar o las cosas que dejé atrás, sino el amargo pensamiento de que, después de tantos años de

lauraayala.sobrehumano@gmail.com

servir y apoyar, a nadie parecía importarle lo que sucedía conmigo.

La libertad que sentía al alejarme de esos muros era agridulce; por un lado, me liberaba de la locura que habitaba en esa casa, pero por otro, extrañaba las pequeñas cosas que solían ser parte de mi vida. Era un tira y afloja constante entre la necesidad de escapar y el anhelo por lo que había conocido. Me partía el alma pensar que, aunque me alejaba, esencialmente mi historia y mis recuerdos seguían atados a ese lugar, donde, a pesar de todo, había dejado parte de mi corazón.

No me importaba dejar atrás lo material; esas cosas nunca habían sido mi refugio. Pero en mi alma, algo se negaba a soltar aquella casa. Me encontré cara a cara con un dolor nuevo, uno que arañaba mi ser de una manera que jamás había imaginado. Era como si cada recuerdo y cada emoción se entrelazaran en una tormenta interna que amenazaba con desbordarse.

lauraayala.sobrehumano@gmail.com

Sin embargo, a pesar de la tormenta, seguí avanzando. Rendirme no era una opción. La vida me había enseñado que la verdadera fortaleza no reside en la ausencia de dolor, sino en la capacidad de seguir adelante a pesar de él. Y así lo hice, paso a paso, aferrándome a la idea de que siempre hay un nuevo amanecer después de la oscuridad de la noche.

No fue nada sencillo para mí, hacer la transición de la juventud a la adultez. Todo fue como si fuera apresurado, siendo adolescente, tuve que obligarme a crecer y madurar, para asumir responsabilidad de mí misma, como adulta.

La felicidad es una palabra bonita en los libros, pero era algo que la vida parecía empeñada en negarme. Empecé a desear tener una familia, alguien a quien brindar afecto. Era como si todo estuviera cubierto por una neblina espesa de confusión, una mezcla de soledad y un deseo por algo que ni siquiera sabía cómo describir.

lauraayala.sobrehumano@gmail.com

Andaba por la vida como quien busca un tesoro sin mapa ni brújula. Sabía que quería algo grande, algo que fuera mío, pero… ¿qué era? ¿Dónde estaba? ¿Y cómo se suponía que lo encontraría? Mi corazón tenía un vacío tan profundo que ni cien mudanzas lograban llenar.

Un día, con unos pocos billetes en el bolsillo y una maleta llena de incertidumbres, me subí a un microbús sin un plan claro, solo con una idea: tenía que irme, tenía que encontrar mi lugar en el mundo. Y así comenzó mi odisea, atravesando ciudades y paisajes que parecían decirme: *"Aquí no es Laura, sigue buscando"*.

Llegaba a cada nuevo lugar con la esperanza de que, esta vez, el destino me sonriera y me dijera: *"Sí, aquí es"*. Pero esa sonrisa nunca llegaba. Al final, descubrí que mi verdadero lugar no era un punto en el mapa. Era el hogar que construiría yo misma. En el sitio que yo decidiera. A la forma que mejor me pareciera.

lauraayala.sobrehumano@gmail.com

Dos años después, cansada de la incertidumbre y agotada por el vacío, decidí regresar. Me dolía el cuerpo y el alma pero creía que necesitaba ver a mi madre y a mis hermanos. Tal vez ellos serían esa ancla que me detendría de seguir flotando en un mar de dudas.

Pero cuando regresé, la realidad me golpeó con más fuerza de la que jamás imaginé. Mi madre había rehecho su vida, estaba en pareja con otra persona y no quería verme.

Su rechazo fue como un cuchillo en mi pecho. Lloré y supliqué, le dije que solo quería estar con ella y con mis hermanos. Que necesitaba su cariño, y su presencia. Pero su respuesta fue dura y fría:

—*Vete* —me dijo sin anestesia.

Aún así, insistí. La busqué muchas veces, como una niña perdida que quiere encontrar el camino a casa, aunque en el fondo sabía que esa casa ya no existía. Lo que encontré de su parte fue un ácido rechazo.

lauraayala.sobrehumano@gmail.com

Uno de esos días en que sentí que la vida me había dejado en visto, me encontraba vagando, sola y herida después de otro rechazo de mi madre. Entonces, apareció él: un hombre de unos 31 años, con una mirada entre conocida y amenazante. Me observaba como si ya supiera cada guarida de mi historia. Lo más inquietante fue que hablaba de mi madre con una familiaridad desconcertante, como si estuviera metido en nuestro pasado, y llevara ahí mucho tiempo.

—*Tu madre me envió a buscarte* —me dijo y abrió el baúl de su auto, donde, para mi horror, reconocí mi propia ropa dentro de una caja.

"*¿Cómo…?*" Apenas pude preguntarme. Pero él no me dio tiempo de procesarlo; su sonrisa se extendió, ambiguamente acogedora y peligrosa, como un mal presagio.

—*No hagas preguntas* —dijo, su tono sugiere tanta promesa como advertencia—. *Sube al coche. Te llevaré con ella.*

lauraayala.sobrehumano@gmail.com

Ese fue mi error. Esa hambre de aprobación, de creer que finalmente podría ser aceptada por mi madre, me hizo caer en sus manos. Subí al coche, pensando que por fin encontraría mi lugar en su vida. No sabía que me estaba lanzando directamente hacia una de las trampas más oscuras de mi existencia.

Lo que vino después parecía sacado de una novela de terror, y como si el guion hubiera sido escrito por alguien muy cercano. Cuando caí en cuenta de lo que sucedía, me encontraba en una prisión improvisada, un espacio minúsculo, húmedo y sombrío, bajo una escalera. Las paredes estaban desnudas, con ladrillos expuestos y fríos, tan helados que el frío se me colaba en los huesos. La única puerta tenía una reja oxidada. Era prisionera en una celda diminuta. Pronto perdí la noción del tiempo. Los días y noches se borraban como en una película mal editada.

Él venía de vez en cuando, con escasas raciones de comida que apenas sabían a algo. Siempre con ese cuchillo en la mano, una amenaza sutil que mantenía

lauraayala.sobrehumano@gmail.com

mi atención en el filo de cada movimiento. No necesitaba palabras para intimidarme; su presencia era suficiente para helarme la sangre. A pesar de eso, en algún rincón de mí, sabía que no podía dejarme vencer. Tenía que mantenerme alerta, más allá del miedo y encontrar la forma de salir.

La verdad detrás de aquel "secuestro" era más retorcida de lo que cualquiera imaginaría. No fue el típico drama de telenovela, sino una traición tan absurda que me dejó con más preguntas que respuestas. ¿La mente maestra? Nada menos que mi madre. Sí, esa misma mujer que, en mi desesperación por ganarme su amor y aceptación, me había atrapado sutilmente en una telaraña. Ella me había vendido a aquel degenerado, y yo, como una sardina inocente, caí en su red sin saber lo que me esperaba.

El tipo que se me acercó no era un desconocido. Era su cómplice en este acto de teatro mal escrito. Cuando me mostró un montón de mi antigua ropa en el baúl de su coche, supe que algo no cuadraba. Pero, aun así, con una mezcla de fe e incredulidad, yo seguí el plan de mi madre: recoger una caja de mis cosas, meterme en el auto y "dejarme llevar" a nuestro encuentro familiar. Pero en realidad, al subirme a ese coche, estaba firmando el contrato de traición que ella había diseñado. El amor que yo esperaba reconstruir con mi madre se transformó en el último eslabón de la cadena de decepción que siempre había marcado nuestra relación.

Pero la vida, con sus giros inesperados y toques irónicos, me dio un rescate imprevisto. Una persona cercana a ese hombre empezó a sospechar de los hechos, y dejándose llevar por una mezcla de instinto y espíritu justiciero, decidió actuar. Se unió a otros para enfrentar a mi "secuestrador", y de repente, ahí estaba él, atrapado contra una pared, mientras yo, curiosamente, me convertía en la damisela menos indefensa del lugar.

Él gritaba cosas absurdas sobre mí, como que yo era un peligro para él (¡vaya ironía!), pero nadie le creyó. Me liberaron, y hasta me dieron algo de dinero con la amable sugerencia de "huir sin mirar atrás". No me

lauraayala.sobrehumano@gmail.com

lo tuvieron que decir dos veces. Corrí como alma en pena.

Mi cuerpo se había escapado, pero mi mente, bueno… ella se quedó en esa celda un tiempo más. Los meses que siguieron fueron como un mal sueño del que parecía imposible despertar. Cada rostro en la calle me recordaba a ese malvado secuestrador, cada sombra se volvía una amenaza. Perdí peso a un ritmo asombroso, como si mi cuerpo quisiera desvanecerse junto con todo lo que me dolía. Sin embargo, descubrí que, a pesar de todo, había una luchadora dentro de mí que se negaba a caer. Y poco a poco, un paso tras otro, comencé a reconstruirme.

Encontré trabajo, y para mi suerte, la mujer que llevaba el timón del lugar decidió adoptarme, como si fuera una hija del corazón. Con ella a mi lado, empecé a reconstruir mi vida con el entusiasmo torpe de alguien que se está armando por primera vez. El miedo seguía de fondo, como una de esas canciones pegajosas que no puedes dejar de escuchar, pero poco a poco logré encontrar un tipo

lauraayala.sobrehumano@gmail.com

de estabilidad que se sintió casi como un cómodo sofá.

Aún así, mi viejo demonio no se daba por vencido tan fácil. De vez en cuando asomaba la cabeza, incluso en mis pesadillas. Una vez juré verlo en plena calle, y el susto me hizo correr como si estuviera en las Olimpiadas. Entonces, apareció un tipo fuerte, protector, y con toda la pinta de héroe de película de acción. Le conté mi historia, y sin dudarlo se convirtió en mi guardaespaldas personal. Él y sus amigos se lo tomaron tan en serio que me escoltaban como si llevara una fortuna encima. Nunca había estado tan rodeada y protegida, y me sentí a salvo entre su montón de bromas y ocurrencias.

Pasaron dos años y medio, y aunque su compañía era el escudo que necesitaba, empezamos a notar que vivíamos en universos diferentes. Ellos eran jóvenes, despreocupados, y en sus mentes la vida era un eterno fin de semana. Yo, en cambio, ya había tenido mis lecciones de vida, como quien colecciona cicatrices. Y como suele hacer la vida cuando los

lauraayala.sobrehumano@gmail.com

caminos no cuadran, nuestros mundos terminaron separándose.

La maternidad no me llegó envuelta en un lazo de ensueño ni como una revelación celestial. Fue, más bien, una sorpresa, una de esas travesuras de la vida que aparecen cuando menos la esperas. Hasta entonces, había pasado demasiado tiempo tratando de reconstruir mi propio mundo, siendo la fuerte, la que aguantaba, la que se callaba y se sacrificaba sin preguntar. Y, de pronto, tenía en mis manos la responsabilidad de construir un mundo distinto para mis hijos. Vaya cambio de guion.

El primer embarazo me llegó en un momento que podría describir, siendo amable, como un caos emocional. Habían pasado tres años desde mi regreso, pero yo seguía atrapada en mis propios miedos, como si el mundo fuera una jaula de la que había olvidado cómo salir. Fue en medio de esa neblina emocional que lo conocí: el padre de mi primera hija.

Él tenía ese tipo de carisma que desarma, una mirada verde limón que prometía mundos mejores. En su mirada veía una puerta abierta hacia todo lo que yo creía que me estaba perdiendo. ¡Lo malo fue que las promesas nunca se cumplieron y que era mejor seguir perdiéndome lo que encontré con él! Pero por un breve instante, me sentí especial, como si alguien finalmente hubiera encontrado algo en mí digno de ser amado. Cometí el error de idealizarlo y de enganchar mis sueños a sus ojos, creyendo que él sería mi tabla de salvación.

No pasó mucho tiempo antes de que quedara embarazada. Y en lugar de recibir la alegría que esperaba, su amor se evaporó como un espejismo en el desierto. Me dijo, sin escrúpulos, que me deshiciera del bebé, que él no quería lidiar con esa responsabilidad, y desapareció de mi vida como un mal actor en una obra de una sola noche.

Recuerdo esa sensación de vacío, como un déjà vu doloroso: había vuelto a ese ciclo de idas y venidas, de mentiras y sometimiento, bajo la sombra de un amor que nunca fue real. Pero esta vez era diferente.

lauraayala.sobrehumano@gmail.com

Porque en esa misma oscuridad, entre dudas y temores, nació algo en mí: la determinación de romper, de una vez por todas, con esa historia.

Hubo un día que lo cambió todo. Tenía ocho meses de embarazo y, en uno de esos movimientos torpes y gloriosos que solo una panza enorme te puede hacer dar, ¡zas!, me torcí el pie. El dolor fue como una descarga eléctrica, de esas que te hacen ver estrellitas, pero lo que más me dolió fue darme cuenta de la frialdad del papá de mi hija a pesar de que ya estábamos separados.

Estaba él a media cuadra, bien cómodo en su auto, como si estuviera en su trono. Lo llamaron para que me ayudara, y tal vez llevarme al hospital, pero él, sin mover ni un músculo, se limitó a decir que estaba "ocupado". Que me las arreglara sola.

Ese fue el golpe de realidad que necesitaba: ahí, en esa esquina, me di cuenta de que estaba sola en esta aventura. Sola, sí... pero fuerte. Y ahora también decidida.

lauraayala.sobrehumano@gmail.com

Él siguió su vida entre citas rápidas y amores alquilados, mientras yo quedaba con lo único seguro: una pequeña vida creciendo en mi interior. Esa fue mi verdadera compañía en medio de la incertidumbre.

Nunca volví a él. Y nunca más él se hizo presente nuevamente. Ni económica, ni emocionalmente. Yo tuve a nuestra hija sola, sin nunca considerar la opción de abandonarla. Durante los años después de su nacimiento, conté con la ayuda de una joven que cuidaba a mi pequeña mientras yo trabajaba para sostenernos a las dos, para pagar la casa y darle a mi hija lo que necesitaba. Cada día me demostraba que podía enfrentar lo que fuera, y eso, sinceramente, no hay nadie que me lo quite.

Mi hija nació bien, pero con el tiempo comenzó a enfrentarse a problemas bronquiales, y a demostrar que era una pequeña guerrera. La sombra de mi propio sufrimiento con el asma regresó como un viejo amigo no deseado, trayendo de vuelta recuerdos de esas noches interminables de asfixia y desesperación. En esos momentos, me arrodillé

lauraayala.sobrehumano@gmail.com

ante Dios, suplicándole que la ayudara, y haciendo con él un pacto:

—*Si me das la oportunidad, ¡me convertiré en una madre ninja por su salud!*

Y así, la pasividad quedó atrás. Me lancé a la aventura de investigar cada opción posible, recorriendo consultorios médicos como si fuera la concursante de un reality show de salud, sin importar cuán lejos estuvieran. Poco a poco, con la tenacidad de una madre que ha encontrado su propósito, descubrí la matronatación: una actividad acuática diseñada para bebés, donde las mamás, como yo, jugábamos a que los bebes fueran sirenas en el agua.

Mi objetivo principal con la matronatación no era enseñar a nadar en el sentido clásico; más bien, se trataba de que mi pequeña se sintiera cómoda en el agua, desarrollara coordinación y fortaleciera su sistema respiratorio y muscular a través de juegos y ejercicios adaptados. ¡Nada de trajes de baño aburridos! Cada sesión se convertía en una fiesta

lauraayala.sobrehumano@gmail.com

acuática donde el agua sanaba lo que el aire no podía.

Sumergidas en ese mundo acuático, me aseguré de sustentarla con lo mejor que pude aprender, investigando cada vitamina y nutriente como si estuviera buscando el Santo Grial de la salud infantil. La protegía con cada fibra de mi ser, como quien protege una flor delicada en medio de una tormenta. Y al final, lo logramos. Mi pequeña sirena se convirtió en una potencia de la naturaleza: fuerte, radiante y desafiante, deslumbrando a los médicos que no podían creer lo que estaban viendo.

Hoy, al verla nadar con esa gracia y fuerza, como si el agua hubiera sido siempre su hogar, no puedo evitar sonreír. Ella es la prueba viviente de que, aunque la vida intente sacudirte hasta dejarte sin aliento, siempre hay una forma de reconstruirse. Mi hija es mi mayor triunfo, la razón por la que nunca me rendí. Cada vez que la veo sumergirse en el agua, sé que cada sacrificio valió la pena, que todo fue por ella, por su futuro, y por el legado de fortaleza que ella ha aprendido.

lauraayala.sobrehumano@gmail.com

Con el tiempo, la vida me presentó a un nuevo compañero, un hombre mayor que yo, con un encanto que me conquistó tras una persistente insistencia. Me casé con él y tuvimos un hijo. Durante un tiempo, creí que por fin había encontrado lo que tanto anhelaba: una familia, un hogar tejido con hilos de amor y calidez.

Mis dos pequeños corrían por la casa, llenándola de risas y energía, mientras yo me ponía pesada poco a poco debido a mi tercer embarazo. La mesa estaba repleta, no solo de comida, sino de sueños compartidos. Me imaginaba los años por venir: las novias y novios de mis hijos, los nietos jugando en el jardín, el eco de las conversaciones familiares sonando por todos lados. Era un sueño envuelto en algodones, pero, como todo espejismo, se desvanecería cuando menos lo esperaba.

Una tarde, la vida decidió jugarme una mala pasada. Lo que creía sólido y eterno se desmoronó en un instante al descubrir que otra mujer estaba ocupando mi lugar... ¡avalada por mi esposo! Con el corazón

lauraayala.sobrehumano@gmail.com

en mil pedazos y la furia en la garganta, le exigí a él que le pidiera que se marchara, como si eso pudiera devolvernos lo que una vez tuvimos. Pero su respuesta fue un golpe directo al alma.

—*Vete tú* —me dijo sin titubear, como si nuestra vida juntos hubiera sido solo un breve interludio en su búsqueda de placeres vacíos.

Un torrente de dignidad me inundó, y supe que no podía permitirme ser menos de lo que merecía. Me negué a dejar que un hombre que no valoraba mi esencia rebajara mi valía. Me erguí con la fuerza que había estado latente en mi interior y empecé a caminar hacia afuera. Con cada paso que daba hacia la puerta, reunía toda la dignidad que podía encontrar en mi alma, consciente de que merecía ser más que un simple paréntesis en la vida de alguien.

Salí cargada con mi embarazo, y me alejé de aquella casa, herida en mi amor propio, pero dispuesta a conservar mi valor personal. El romance con aquella mujer se desvaneció tan rápidamente como había comenzado, pero el dolor que dejó en mi familia fue

lauraayala.sobrehumano@gmail.com

profundo y duradero. Mi esposo nos había abandonado sin compasión, dejándonos en la calle.

Pero ahí estaba yo, embarazada de cuatro meses, con nuestro hijo de poco más de un año, y mi hija mayor, fruto de mi primer matrimonio, resuelta a seguir otro rumbo, acompañada de nuestra fiel compañera, Zafira, una Golden que parecía entender nuestro sufrimiento. Él nos había dejado a todos fuera de su vida, pero no iba a dejar que eso nos definiera.

Ahora, cada vez que miro hacia atrás, veo no solo el dolor, sino también la fuerza que ha surgido de cada uno de esos momentos. He aprendido a nadar en aguas turbulentas, y cada brazada es un recordatorio de que, aunque a veces la vida golpee, siempre hay una forma de salir a flote y seguir adelante.

En un abrir y cerrar de ojos, ¡bam!, lo habíamos perdido todo: la casa, la estabilidad y el sueño de una vida serena. Él se esfumó como si tuviera una clase de magia, sumergido en su red de engaños y

lauraayala.sobrehumano@gmail.com

mujeres pasajeras. Su cuerpo ya no estaba, pero su fantasma seguía presente, marcando cada rincón con su traición y abandono. ¡Nada de esto fue divertido!

Pasaron dos años antes de que decidiera hacer su regreso triunfal, no por amor ni arrepentimiento, sino por la frialdad de los trámites legales. Pedí visitas legalmente para que sus hijos vieran a su padre, y él al fin apareció sin verdadera intención de recuperar nada. Mientras tanto, yo, embarazada y sin empleo para proveer mis necesidades y las de mis hijos, fui deshaciéndome de todo lo que tenía: muebles, electrodomésticos, bicicletas. Cada objeto que alguna vez había sido testigo de la felicidad de mi hogar se transformó en dinero para mantener a mis hijos en la escuela y con algo en la mesa.

Llegué al punto de no tener más que ofrecer. Vendí hasta la dignidad que me quedaba al firmar un acuerdo descabellado con aquel traicionero, que me obligaba a renunciar a todo lo que me correspondía como esposa y los gananciales de una empresa millonaria por aquellos años, a cambio de un dinero

lauraayala.sobrehumano@gmail.com

que me daría varios meses de alivio económico. A veces hay que hacer sacrificios, y esa decisión, aunque desesperada, era necesaria. La realidad era que no teníamos ni para comer y, embarazada, nadie quería darme la oportunidad de conseguir trabajo.

El acuerdo que firmé me aseguraba tres meses de asistencia económica. Un alivio temporal, sí; ¿injusto? A más no poder. Pero fue el recurso que pude conseguir en medio de ese vendaval. Esa suma, aunque pequeña, me ofrecía la oportunidad de prepararme para la llegada de mi hija sin el constante peso de la preocupación económica que me acechaba. Sabía que esos meses serían cruciales para establecer un hogar digno y acogedor, donde pudiera dedicarme a cuidar de mi pequeña bebé y sus hermanitos, al menos hasta que pudiera encontrar un trabajo que nos mantuviera a todos en la cima.

La escena del regreso de mi ex esposo era casi cómica. Ver cómo el padre de mis hijos enviaba a su apoderado para negociar el futuro de sus propios hijos como si fueran meros objetos en un contrato, era un espectáculo digno de una obra de teatro de tragicomedia. Me llenaba de una tristeza abrumadora imaginando a alguien que debería proteger y guiar a sus hijos, dispuesto a intercambiar nuestro futuro por unas monedas que solo proporcionarían un alivio momentáneo.

¿Cómo era posible que el que debía ser defensor de nuestra familia estuviera más interesado en un trato para salvaguardar su dinero y sus intereses que en el bienestar de sus hijos? Pero bueno, el show debía continuar. ¡La vida es un escenario, después de todo!

Esa transacción, en lugar de ser una solución, se sintió más como una traición. Era como si mi vida y la de mis hijos se convirtieran para él en un simple negocio, como si en lugar de emociones estuvieran en juego solo sus números en un balance contable. La imagen de aquel intercambio, con un padre negociando el futuro de mis pequeños, quedó grabada en mi mente como un recordatorio de lo que es perder la brújula del amor y el apoyo. ¡Vaya forma de hacer una "oferta"!

lauraayala.sobrehumano@gmail.com

Sabía que estaba firmando mi propia sentencia, pero lo hice por mis hijos y por la pequeña vida que aún crecía dentro de mí. Me resigné a ese presente doloroso, como si estuviera en un largo atasco de tráfico, esperando encontrar algún respiro, algún momento de paz en medio de esa tormenta que parecía interminable. ¡Pero no me rendiría tan fácilmente!

Seguimos adelante y rehicimos nuestra vida. Seis años después, un nuevo hombre entró en mi vida. No estaba enamorada, pero sí había logrado conquistar a mis hijos y al ver sus caritas de felicidad, pensé:

—Resignaré mi vida, prefiero *cambiar mi felicidad por la de mis hijos, si debo someterme por ellos lo haré y al menos tal vez este caballero nos brinde la estabilidad familiar que tanto necesitamos.*

Parecía un buen hombre, o al menos un refugio en ese mar agitado. Más que yo, lo eligieron mis hijos. Él se los ganó a pulso y yo lo acepté por buscar esa figura paterna que mis niños necesitaban. Juntos tuvimos a mi última hija, y durante dos años disfrutamos de una calma relativa… hasta que, como en una película de suspenso, todo comenzó a desmoronarse de nuevo.

Lo despidieron de cuatro trabajos consecutivos. Nunca entendí del todo lo que pasaba con él, pero su comportamiento se volvió errático, como si hubiera olvidado la realidad.

Un día de febrero, el velo de la normalidad cayó por completo, y todo se volvió una película de terror. Entró en la casa con una ira desbordante que nunca había mostrado antes y le prohibió a mi hijo de 13 años que abriera la heladera. El pequeño, pensando que era una broma, volvió a intentar abrirla.

Y entonces ocurrió algo que jamás podré olvidar. Lo vi agarrar a mi hijo del cuello, apretándolo con una furia descontrolada. En un acto reflejo, corrí hacia ellos y, sin pensarlo, le solté un golpe seco en el pecho que lo dejó tambaleante.

lauraayala.sobrehumano@gmail.com

Lo hice retroceder y soltar a mi hijo, pero no fue suficiente. Su rabia de "monstruo" no se había apagado; aún quería arremeter contra mi pequeño. Así que, logré encerrarme con mis cuatro hijos en una habitación, sin teléfono, ni forma de pedir ayuda. El miedo los envolvía como una manta pesada, pero el instinto de protegerlos me mantenía alerta, lista para enfrentar cualquier cosa que viniera.

Estábamos atrapados en nuestra propia casa, sin atrevernos ni siquiera a salir al baño, ¡y mucho menos a buscar algo para comer! Todos apretujados en el cuarto, como si jugáramos a las escondidas más serias de la historia, esperando en silencio a que la madrugada envolviera todo para intentar salir de una buena vez.

Cuando al fin la noche estaba bien avanzada y el silencio cubría cada rincón, nos escurrimos por la ventana hacia el pórtico de servicio. Uno a uno fui bajando a mis hijos, rogando que el más leve crujido no rompiera el plan.

lauraayala.sobrehumano@gmail.com

Mientras empujaba el auto rampa abajo, en completo sigilo, sentía que movía algo mucho más grande que un coche: empujaba todo lo que éramos, nuestra vida entera, lejos de la amenaza de aquel hombre que parecía sacado de una pesadilla.

Años atrás, había aparecido un vecino en la puerta de la casa, uno que apenas conocíamos. En su momento, aquel sujeto se mostró "amable" con nosotros cuando nos lo presentaron. Pero una noche, esa supuesta amabilidad quedó sepultada bajo una furia que le iluminaba los ojos.

—Señora —dijo, con la voz cargada de rabia contenida, —Vengo a buscar a su marido. Con usted no tengo nada, usted es buena persona. Que salga él.

Y yo, entre asustada y algo incrédula, fui a transmitirle el mensaje, y me sorprendí encontrándolo a medio camino, apareció con una escopeta en la mano como si estuviéramos en el lejano oeste.

lauraayala.sobrehumano@gmail.com

Un tiempo después, otro vecino enfurecido llegó pidiendo explicaciones porque el "monstruo" casi había atropellado a su hijo. Así que, los dos se liaron a golpes en la puerta de la casa. No había entendido esas señales. Vivía con un hombre que no estaba cuerdo, y tristemente no podía seguir ahí.

Dejé caer el auto por la rampa del garaje con un empujón, y mientras avanzaba en silencio por la pendiente, tuve la sensación de que mi vida misma estaba deslizándose en picada.

Vi en un solo instante como se desvanecía la imagen de mis hijos corriendo felices por el barrio, las carreras entre bicicletas y skates, las risas rebotando en las tardes soleadas y largas meriendas en casas vecinas.

Vi desaparecer el verde del jardín, las estrellas que brillaban sobre nuestras cabezas, las luciérnagas bailando en la oscuridad, mi taller y mi trabajo... todo lo que habíamos creado y lo que significaba para nosotros un hogar seguro.

lauraayala.sobrehumano@gmail.com

Todo aquello que habíamos llamado "seguridad", el techo, la comida en la mesa... iba en picada ante mis ojos, junto con el carro que se deslizaba por la rampa hacia la calle.

Ni siquiera pudimos llevarnos a nuestra adorada Zafira, nuestra fiel golden retriever. No te imaginas el dolor de verla por última vez, de saber que no podía llevarla junto con mis hijos. Zafira era pura felicidad en cuatro patas, la amiga incondicional con la que jugábamos y que nos seguía a todas partes.

Era tan leal que dolía dejarla atrás, como si estuviera dejando a otro hijo. Aún la siento en cada imagen parecida que cruzo en el camino. Pero en ese momento, no había opción: o ellos, o ella. Mi vida y la de mis hijos estaban en juego.

Con el corazón acelerado y el tiempo en contra, subí al auto y eché un último vistazo por el retrovisor, esperando no ver ninguna sombra en movimiento. Conduje en silencio, poniendo una canción suave y diciéndoles a los niños que intentaran dormir, porque el camino iba a ser largo.

lauraayala.sobrehumano@gmail.com

La angustia se sentó a uno de mis costados, intentando apoderarse de mí, pero del otro lado, ocupó el puesto una fuerza que ardía con una determinación casi feroz para guiarme a llevar a mis hijos a un lugar seguro.

Aquella madrugada, entre el miedo y una valentía recién descubierta, supe que íbamos a llegar lejos. Muy lejos de ese monstruo, y mucho más cerca de la paz que nos merecíamos.

Salimos una vez más con lo que llevábamos puesto: mis cuatro hijos y yo, dejando atrás lo que quedaba de esa vida destrozada, como si fuéramos los protagonistas de una película de guerra... ¡pero sin el presupuesto fílmico!

Mientras conducía, en mi mente solo se repetía una pregunta:

—*¿Cuándo terminará el dolor, Dios? ¿Cuándo cesará esta tormenta?* —Porque en los momentos más oscuros, creemos que incluso Dios se ha puesto en contra nuestra. Pero él está allí, moviendo los hilos, para guiarnos a lo que es mejor, aun cuando no lo vemos.

Si me guiaba por lo que veía, me habría rendido. Era como si la vida me hubiera convertido en su chiste favorito, y estuviera lista para darme otra dosis de "sorpresa".

Pero esta vez ya no era solo mi sufrimiento; cada golpe lo sentí por partida doble: por mí y por mis hijos. Cada vez que pensaba que había tocado fondo, la vida me decía: "¡Sorpresa! Hay un nivel más profundo".

Pero yo me aferraba a la esperanza como un gato a un rayo de sol. Sabía que, por más oscuro que fuera el presente, mi fortaleza residía en seguir adelante. No era solo por mí, sino por ellos, esos cuatro seres maravillosos que dependían de mí para sobrevivir.

Eché mano de los aprendizajes de mi pasado. El dolor me había golpeado antes, sí, pero también me

lauraayala.sobrehumano@gmail.com

había enseñado a resistir y a encontrar recursos, incluso en los rincones más oscuros.

La preocupación viajaba conmigo aquella madrugada. Como un peso que se depositó sobre mis hombros, mientras la tristeza, esa compañera silenciosa parecía disfrutar de su papel de carga extra.

Me consumía el miedo de no poder ser suficiente, de no poder darles todo lo que necesitaban. Pero, aun así, debía seguir adelante, porque, como todas las otras veces, detenerme no era opción.

Después de todo, en este carrusel que se llama vida, ¡no hay frenos de emergencia! Ni se puede decir: Detente que aquí me bajo.

lauraayala.sobrehumano@gmail.com

Capítulo 4: El Despertar

Perder nuestra última casa fue como un tsunami emocional. Me encontraba de nuevo a la deriva, como cuando tenía 16 años, pero esta vez, tenía la responsabilidad de mis cuatro hijos a cuestas.

La desolación me invadía, pero, por supuesto, no podía permitirme mostrarlo. Era mi momento de ser fuerte. Ellos estaban asustados, tristes; sus risas y juegos habían sido abruptamente interrumpidos. No entendían bien lo que sucedía. Nos marchamos casi huyendo, con nada más que lo puesto y algunas pocas pertenencias, fue como si estuviéramos escapando de una tormenta. Dramático y traumático.

Habíamos dejado atrás con la casa, parte de nuestra historia, un pedazo de nosotros mismos. Mis hijos perdieron a sus amigos, su escuela, su entorno, y a Zafira. Habíamos vivido en un barrio privado, disfrutando de una vida tranquila en una casa grande, y ahora nos veíamos obligados a hacinarnos

lauraayala.sobrehumano@gmail.com

en una sola habitación alquilada de un departamento de tres ambientes. La propietaria, colapsada por la vida y con una mentalidad de escasez galopante, nos alquiló su casa porque no podía pagar los gastos. Pero ninguno de nosotros estaba bien. Fue un golpe devastador.

Al principio, era como un campamento improvisado. Dormíamos en el piso, y solo había una cama de una plaza que logré comprar, así que nos turnábamos para usarla. Ni mesa ni sillas, pero eso no nos detenía. Mis hijos se reían y decían que vivíamos como los japoneses, y yo les respondía que era más bien como en una tienda árabe.

¡Un lujo! Nos prestaron algunos utensilios de cocina y unas mantas, y aunque parecía que estábamos como participantes de un programa de televisión de supervivencia, estábamos juntos. Y eso, en realidad, lo cambiaba todo. Nos sentíamos libres. Jugábamos juegos de mesa (sí, en el piso), hablábamos de cómo les había ido en la escuela y reíamos hasta que nos dolían las mejillas. Vivíamos cerca de una plaza grande y hermosa, así que cada fin de semana, ¡era

lauraayala.sobrehumano@gmail.com

el paraíso con una pelota! Eso era todo lo que necesitaban para divertirse.

Ver sus caritas llenas de frescura, con los ojos brillando de felicidad, me daba una sensación de esperanza renovada. Fiamma y Makarey empezaban a invitar a sus amiguitas a casa, como si nada hubiera pasado. ¡La alegría se colaba otra vez en mi corazón!

Empecé a sentir que ya no se me caía tanto el pelo, y mi cuerpo, aunque todavía exhausto, se sentía más fuerte. El techo sobre nuestras cabezas, la paz de tener un hogar, mi familia resguardada… todo eso me daba la fuerza para seguir adelante. Claro, se trataba de enfocarme y perseverar: todo era superable.

Un día, mientras caminábamos hacia el parque, Nicole, mi hija mayor, miró un cartel que mostraba a una mujer con dos hijas grandes. Nos detuvimos para ver el anuncio, que decía:

"Llamado Solidario: Ayudemos a Julia, que su esposo la dejó en la calle con sus dos hijas."

Nicole soltó una risa y dijo:

—*Mamá, si ella con dos hijas pide ayuda, entonces ¡tú eres una super mamá! ¡Porque no pides nada a nadie!*

En ese momento me detuve a pensar. No se trataba de la ayuda, porque cada quien hace lo que puede. Se trataba de la forma en que mis hijos me veían. Pensé en lo lejos que habíamos llegado, con los cuatro hijos sanos y la paz que sentíamos mientras caminábamos hacia un parque, listos para disfrutar juntos de la naturaleza.

Era increíble cómo las risas volvieron a llenar el aire, cómo los momentos compartidos se volvieron más alegres, más esperanzadores. Mi familia estaba tranquila de nuevo, y mis hijos nunca se quejaron, ni siquiera cuando caímos de manera tan estrepitosa. Todos comprendieron que salir de ahí había sido la única forma de salvar la vida de su hermano.

lauraayala.sobrehumano@gmail.com

Al poco tiempo, sin embargo, mi hija mayor, Nicole, no soportó el cambio y decidió irse. Ella no comprendía que la vida había dado un giro drástico, que ya no podía ofrecerle las mismas oportunidades después de perder mi casa y mi trabajo. Antes de mudarnos, yo trabajaba como diseñadora de calzado, creando modelos y zapatos de mujer en tallas grandes, dedicándome a ayudar a aquellas que no encajaban en los estándares. Pero ahora, en lugar de diseñar calzados, necesitaba rediseñar mi vida.

Mis tres hijos restantes, Tomás, Fianma, y Makarey, se adaptaron a la nueva situación, quizás sintieron mi abatimiento, y se convirtieron en mis cómplices. Pasábamos juntos el poco tiempo que teníamos, jugando y riendo a pesar de la tormenta que nos rodeaba. Les enseñé la importancia de mantenerse unidos y de cultivar una mentalidad positiva, incluso en medio de la adversidad.

Sin mi taller y con el dinero escaso en un entorno que se sentía como un laberinto extraño, sabía que debía reinventarme. Necesitaba demostrarme que podía mantener a mis hijos y cuidar de ellos. Tenía que ser ejemplo de que siempre hay una salida, incluso cuando el camino parecía sombrío. A mis 41 años, reinsertarme en el mercado laboral era un desafío monumental. Las oportunidades escaseaban y los trabajos estaban reservados para jóvenes moldeables, algo muy distinto a lo que yo quería. Pero estaba dispuesta a enfrentar cualquier cosa, con tal de conseguir recursos para mi familia.

Entonces, me llegó la noticia de que podía estudiar en un colegio nocturno para obtener la tecnicatura como maestro mayor de obras, un sueño que había anhelado desde mi adolescencia. Fui a averiguar y, para mi sorpresa, ¡me aceptaron! Podía comenzar casi de inmediato, aunque el reto sería inmenso: tres años de clases de lunes a viernes, de 18 a 23 horas.

Hablé con mis hijos. Les expliqué que, sin un título, no podría aspirar a un mejor salario y que, con mi edad, estaba casi fuera del juego laboral. Necesitaba reinventarme para darles un futuro mejor y salir de esa habitación compartida.

lauraayala.sobrehumano@gmail.com

Todos, con un apoyo incondicional que me llenó de emoción, me dijeron que estaban de mi lado. Nos organizamos como pudimos, y los mayores, con todo su amor, se encargaron de cuidar de su hermanita menor durante mis horarios de estudio. Mi corazón se apretó al escuchar a Tomás y Fiamma, siempre tan maduros, diciéndome:

—*¡Mamá, tienes que hacerlo! Cuenta con nosotros, somos grandes.*

¡Mis chiquitos! En ese momento, me di cuenta de lo valientes que eran. Casi me eché atrás, sintiendo el peso de la responsabilidad. Pero sabía que debía seguir adelante. Ellos tenían que hacer sus tareas escolares, cuidar a su hermana y soportar mi ausencia a la hora de la cena. A las 5:30 pm, salía para estudiar, y regresaba cerca de la medianoche.

Aquella vieja escuela, con aulas descascaradas y bancos llenos de rayones, tenía algunos profesores que solo te hacían pensar en escapar de ahí y otros que te enseñaban con una dedicación tan genuina,

lauraayala.sobrehumano@gmail.com

que rayaba en el martirio. Las clases eran una montaña rusa: algunas tan aburridas que luchabas por mantener los ojos abiertos, y otras, tan atrapantes que se te iban las horas volando.

En ese tumulto, donde los directivos parecían ausentes y la mediocridad flotaba como si no importara, yo subía las escaleras todos los días, decidida. Me sentaba adelante, siempre al frente, aprovechando cada clase como si fuera particular, consciente de que esa oportunidad no era algo para desperdiciar. Tenía claro que me estaba jugando algo mucho más grande que un título: me estaba demostrando a mí misma y a mis hijos que siempre se puede salir adelante, sin excusas.

Salía casi corriendo al final de cada clase, con el frío de medianoche colándose hasta mis huesos. El rocío me helaba la piel, pero pensaba: "El frío es solo un estado mental", y me esforzaba en ignorarlo, aunque mis manos quedaran partidas y la nariz tan roja y congelada como un témpano. A pesar de todo, llegaba a casa y el aroma de nuestro hogar me hacía olvidar el cansancio.

lauraayala.sobrehumano@gmail.com

Vivíamos apretados en un departamento chiquito, pero ahí estábamos seguros. Frotaba mis manos contra la ropa para descongelarlas antes de acariciar a mis niños, asegurándome de que mi piel fría no los despertara. Cuando despertaban nos abrazábamos fuerte, un "abrazo de oso", decíamos, y nos reíamos cuando, sin querer, nos chocábamos las cabezas. Nos hacíamos bromas, creando nuestra pequeña burbuja de alegría. Ese calorcito de hogar, con sus caritas llenas de sueños, me daba fuerzas para enfrentar cualquier cosa al día siguiente.

Cada noche corría para ver si llegaba antes de que se durmieran, así podía abrazarlos y sentir su corazoncito junto al mío. Ese abrazo era como un puente, un momento sagrado. Siempre daba gracias a Dios por darme la oportunidad de verlos bien un día más. Cuando llegaba tarde y ya estaban dormidos, abría la puerta en puntas de pie, con el corazón en la boca, dejando todo a un lado solo para verlos respirar. Ponía mi mano cerca de sus naricitas, y solo entonces mi alma suspiraba tranquila. "Gracias, Dios, gracias", murmuraba

lauraayala.sobrehumano@gmail.com

mientras les acariciaba el pelo, los arropaba y les daba un beso en la cabeza, aunque no se dieran cuenta.

Hubo días en los que salía tan tarde de estudiar que casi no pasaba transporte, y el camino de regreso parecía una prueba. Las noches oscuras se volvían fantasmagóricas, con luces de autos que encandilaban y sombras que daban miedo. En esas caminatas, no hablaba con nadie, solo con Dios y mis ángeles. Me paraba erguida, fingiendo que no le temía a nada, aunque por dentro sentía miedo. Con el tiempo, esa valentía se hizo costumbre, y sin darme cuenta me volví más fuerte. Sabía que nada me podía detener: mis hijos dependían de mí, y yo tenía que llegar a casa.

Los fines de semana eran nuestro refugio. Jugábamos, nos reíamos y hacíamos paseos sencillos pero llenos de alegría. En medio de tanto sacrificio, esos momentos juntos eran mi premio. Cada risa, cada abrazo, cada juego hacía que todo valiera la pena. Sentía que, paso a paso, la vida me iba mostrando que mis esfuerzos estaban dando fruto.

Mientras otras familias compartían cenas y abrazos, mis hijos cenaban y se dormían solos, esperando mi regreso. En tiempos pasados, podía acurrucarlos y contarles cuentos hasta que se quedaran dormidos, pero ahora debían sacrificar ese privilegio. ¡Qué responsables fueron! Hacían sus tareas sin quejarse y jamás me dieron un solo problema. Yo me sumergía en los estudios, ansiosa por aprender, y traía a casa las mejores notas para mí y para ellos.

Veía las caritas de mis hijos, esforzándose en mostrarse fuertes, como si su valentía fuera un empujón extra que me ayudara a seguir adelante. En sus ojitos también había esa chispa de miedo, claro, pero no les faltaba coraje. ¡Son hijos de su madre, después de todo! Mis leoncitos estaban creciendo, cada uno con su carácter y su coraje. A sus 13, 11 y 3 años, se apoyaban como un equipo y me inspiraban cada día. Mi chiquita, la menor, me partía el corazón de amor, y tenía la suerte de contar con sus hermanos mayores.

lauraayala.sobrehumano@gmail.com

Fiamma y Makarey pasaban tardes enteras entre risas y música. Cantaban, bailaban, y Fiamma siempre se las arreglaba para hacer un espectáculo con cualquier prenda vieja, como si fuera una estrella del rap. Desde que era pequeña, llevaba la música en el alma; tocaba la batería con una pasión increíble, aunque también tuvimos que dejar atrás ese instrumento cuando todo cambió.

Hoy veo a Makarey, la más chica, cada miércoles, subiéndose al escenario y poniendo en práctica todo lo que Fiamma le enseñó: cantar, bailar y, sobre todo, ser ella misma, sin vergüenza y con una energía contagiosa.

Y luego estaba Tomás, mi hijo mayor, quien cuidaba de su hermanita como un profesor nato. Le enseñaba el significado de las palabras, la lógica, las matemáticas, y si dudaba, le hacía repetir hasta que todo estuviera claro. Hoy, gracias a él, Makarey tiene una capacidad analítica impresionante, y sus profesores no dejan de mencionarlo. Ya tiene la edad que él tenía en aquellos tiempos difíciles, y no podría

lauraayala.sobrehumano@gmail.com

estar más orgullosa de cada uno de ellos. Son mis compañeros, mi mayor orgullo y mi ejemplo de fortaleza.

Claro, no todo fue fácil. A veces me dolía dejarlos solos para ir a clases, con el corazón encogido como cualquier mamá que tiene que dejar a sus hijos para trabajar. Pero Tomás, con su sabiduría precoz, siempre me decía:

—*Mamá, no faltés. Estamos bien. Andá, estudiá, ¡Vos podés!* —Y tenía razón. Sabía que tenía que dar lo mejor de mí, no solo por ellos, sino también por cumplir un sueño que había tenido desde niña.

Era una promesa que me había hecho a mí misma cuando, allá a los 13 años, miraba a los chicos de la escuela técnica desde el primer piso de mi secundaria. Ellos, con sus guardapolvos azules, mientras yo, flaquita, mal vestida, y con esa tristeza que alguien notó una vez en mis ojos, deseaba poder estudiar construcción y aprender a crear cosas.

lauraayala.sobrehumano@gmail.com

Pero casi treinta años después, la vida me dio una segunda oportunidad, y ahí estaba yo, cerrando ciclos y mirando a mis hijos con el mismo brillo de entusiasmo que yo había sentido. Sentí su amor, y esa chispa en sus ojos me impulsaba cada día a seguir adelante.

Compartimos tantas cosas, mis hijos y yo... hasta arroz, ¡en todas sus variedades! Arroz al mediodía, arroz en la cena, arroz con arroz. Pero entre bocado y bocado, el cariño no faltaba, y ese arroz fue nuestra base de fortaleza. Cada uno de ellos me apoyaba con sus corazones valientes, me daban consejo y empuje. Eran jóvenes, pero crecieron fuertes, y yo sabía que no podía fallarles.

Después de tres años, terminé mi primera carrera, trabajando, cuidándolos y, al mismo tiempo, aprendiendo a confiar en mí. Lo que empezó con sacrificios terminó con logros: pudimos mejorar nuestras vidas, vestirnos mejor, comer mejor, y poco a poco nos sentimos imparables.

lauraayala.sobrehumano@gmail.com

Mientras aún estudiaba, un compañero diseñador me pidió ayuda para dirigir una obra. Desesperada por trabajar, acepté, sabiendo que lidiar con hombres no sería fácil. Pero en ese momento, mi carácter estaba bien formado, y la verdad, no fue tan complicado.

Realizamos varias obras y, más tarde, logré independizarme al conseguir trabajo como agente inmobiliario. Mis hijos fueron testigos de cada paso, celebrando mis logros como si fueran los suyos. Estoy inmensamente agradecida por ellos; su apoyo incondicional fue fundamental. Con cada avance que lograba, ellos ovacionaban y celebraban. Yo buscaba ser la mejor versión de mí misma, para ser un ejemplo digno de mis pequeños. Fue duro, claro, pero lo hicimos, paso a paso, minuto a minuto.

Un día, logré alquilar una casa y salimos del reducido espacio que habíamos tenido. Aunque había sido difícil, lo habíamos transformado en nuestro nidito, pero ya era hora de salir a algo mejor. Otro día, compramos muebles, luego, fuimos mejorando nuestra alimentación, cambiando nuestro

lauraayala.sobrehumano@gmail.com

estilo de vida para mejor, hasta que, por fin, llegó el tiempo en que tomamos vacaciones.

Hoy, ya no vivimos aquellas situaciones. Nuestros logros nos han dado la certeza de que nada nos detendrá, y si la vida nos pone de nuevo en un aprieto, sé que lo superaremos con inteligencia y resolución. El conocimiento y la experiencia son herramientas que nadie puede arrebatarnos, y mis hijos y yo llevamos esas medallas invisibles con orgullo. Esos tiempos difíciles fueron como un doctorado en crisis (¡sí, todo un título en sobrellevar problemas, jaja!). A Dios y a mis hijos, siempre les estaré agradecida.

Hay una historia que me encanta que sucedió en el tiempo en que perdimos la casa, Fiamma se había sentado a mi lado para decirme:

—*Mamá, sé que hoy no podemos, pero quiero que sepas que quiero ir a Disney en mi viaje de 15 años, como lo hizo mi hermana.* —y con esa resolución infantil agregó: —*Tienes tres años para juntar el dinero.*

lauraayala.sobrehumano@gmail.com

Entonces no supe qué decirle. Estábamos atravesando la peor etapa de nuestras vidas, sin casa, sin trabajo, sin estudios, y con tres hijos que aún dependían de mí. Miré sus ojitos brillantes y, tomando valor, le respondí que sí, que viajaríamos. Me pidió que no le prometiera algo si no iba a hacer lo necesario para cumplir. Entonces, mirándola a los ojos, le aseguré:

—*Tu mamá siempre cumple lo que dice.*

Tres años después, volamos a Miami y Bahamas. Al final, en vez de visitar los parques de Disney, decidió que prefería ir a esas ciudades, y gastar su dinero comprando ropa en los grandes centros comerciales. Fue grandioso. Fue como despertar de golpe a una vida nueva. Aquel viaje fue un logro que me gritaba: ¡Sí, sí se puede!

Aunque ya había viajado bastante, esta vez era distinto. Iba por mi cuenta, para mi niña, dependiendo únicamente de mí. Me costó trabajo, eso sí. Tanto, que literalmente me sangraban los pies

lauraayala.sobrehumano@gmail.com

de las veces que tuve que ir y venir. Había sido una locura, pero ese reto me hizo encontrar mi propio camino. Mis hijos fueron siempre mis pilares, y todo empezó con un solo objetivo en mente: protegerlos.

En el tiempo en que Fiamma me pidió el viaje de 15 años, yo quería que nunca sintieran el miedo de quedarse en la calle, sin cama, sin techo. Perdimos casi todo—amigos, escuela, fotos, recuerdos—por culpa de alguien que ni se preocupó por ellos. Pero cada uno de mis hijos fue un regalo que pedí al cielo, y con cada uno me llegó un ángel.

Cuidarlos se volvió mi misión sagrada. Podía sentir sus miedos, su incertidumbre. Pero yo no podía mostrar flaqueza; no cuando mi rol era ser su fuerza. Aunque en el fondo no tenía idea de qué vendría después, ellos me veían firme y convencida de que lo lograríamos. Me sentía como una olla a presión, queriendo llorar, pero aguantando porque me necesitaban entera y fuerte.

Y no hubo una mano amiga ni un salvavidas en el horizonte. Así que les enseñé a no esperar nada de

lauraayala.sobrehumano@gmail.com

nadie y a valerse por sí mismos. Ese era el momento: hundirnos o enfrentar la vida de frente. Sabía que mientras tuviéramos vida y ganas, no nos faltaría nada.

Justo en medio de todo ese caos, Fiamma me hizo prometerle ese viaje de quince años. Así de simple, me lo pidió con la mirada confiada y segura.

—*Sé que si te lo pido con tiempo, vas a poder hacerlo*— me dijo, y esas palabras calaron más fuerte que todo.

Podría haberle dicho que estaba loca, que apenas teníamos para comer. Pero no podía romper su confianza. Ella necesitaba creer en mí, y yo me aferré a esa promesa como una cuerda salvadora. Fue mi motor. Me entrené, estudié, me convertí en una negociadora imbatible. Rendirme simplemente no era una opción.

Y, cuando llegó el gran día, ella decidió que Disney no llenaba ya sus expectativas. Quería un viaje de disfrute a Miami, y yo simplemente le dije que sí.

lauraayala.sobrehumano@gmail.com

Volamos directo a Miami, como si fuéramos reinas. Mi inglés era de batalla, y pasé el chequeo de migración U.S.A. como pude; mis hijos bilingües se encargaron de las negociaciones en varios momentos. Alquilamos una camioneta y nos lanzamos a recorrer Miami como Thelma y Louise. En vez de parques, Fiamma prefirió un cumpleaños de compras con mamá. ¡Y qué días tan inolvidables fueron!

Cada tienda era un mundo, lleno de colores y texturas, como un mini-Disney en cada esquina. Pasábamos horas probándonos cosas y saliendo con bolsas que ya ni cabían en el auto. Comíamos frente al mar; ella con su hamburguesa, yo con un café aguado gigante que me sirvieron (quizá porque pedí por error algo que no era café, en mi nulo inglés y eso entendieron). Estábamos en esas calles que solo había visto en películas, y en un impulso, entramos a una agencia de viajes. ¿Destino? ¡Bahamas!

Así fue como terminamos en una playa de arena tan blanca y caliente que corríamos al agua. La mar

lauraayala.sobrehumano@gmail.com

turquesa parecía sacada de un sueño. Vimos mantarrayas, y esos caracoles que siempre veía en escaparates, ahora estaban a nuestros pies. Ese viaje fue puro arte de magia. Fiamma cambió su típico viaje de quinceañera por un sueño compartido conmigo. Y hoy, cada detalle de esos días sigue grabado en mi alma.

Una vez más, ¡habíamos salido a flote! (Y mira que sí) Mientras flotaba en el mar, miraba hacia atrás, y recordaba cómo la vida muchas veces me había hecho sentir como si estuviera en una batalla constante, y que el universo tenía un personal de relaciones públicas dedicado a hacerme la vida imposible.

Era como si hubiera nacido con una etiqueta que decía: "¡Diferente!" Me sentí casi siempre como el patito feo en una convención de cisnes, enfrentando tormentas emocionales que parecían sacadas de una telenovela de las más dramáticas. Pero, siempre hubo una constante: justo cuando estaba a punto de rendirme ante el abismo de mis pensamientos oscuros, siempre aparecía alguien, como un ángel del cielo, con la noble misión de rescatarme.

Mientras estaba tumbada en aquella playa, pensé en la encargada del colegio que me ofreció su abrigo en mis días más fríos, el cocinero que me llenaba el plato con su famosa sopa —*¿quién necesita terapia cuando tienes un buen caldo?* — y los valientes que me rescataron del secuestro, como si estuvieran entrenados para ser los héroes de mi propia historia.

También estaba la señora que, sin pensarlo dos veces, me acogió como a su propia hija. ¡Cuántos ángeles en mi vida! En ese momento de claridad, se me ocurrió una idea loca: ¿y si escribía un libro contando cada una de estas historias? No sobre las penas o los golpes que tuve que enfrentar, sino sobre los héroes silenciosos, esos ángeles sin capa que aparecieron en mis peores momentos, con sus gestos tan simples como poderosos.

Cada uno había dejado una marca que llevaba conmigo como un talismán, y, tumbada en esa playa, sentí que, si podía compartir su impacto en mi vida,

lauraayala.sobrehumano@gmail.com

tal vez alguien más encontraría un rayo de esperanza en medio de sus propias tormentas. Quizás hasta podría honrar a cada uno de ellos de la única forma que sabía: contando la historia de la fuerza que se encuentra en la bondad y en lo inesperado.

Siempre había imaginado nuestra mesa llena de risas y conversaciones, rodeada de mis hijos, sus novias, novios, amigos, y sabía que debía cumplir ese sueño. Cuando llegó el momento, decidí que era hora de reflejar lo que tenía en el interior, esos sueños de familia, y eso me hizo buscar mi propia educación profesional.

Antes de comenzar mis estudios, veía mi sueño de convertirme en profesional como un castillo en el aire, distante e inalcanzable. La idea de iniciar algo desde cero era tan abrumadora que me dejaba sin aliento. Estaba atrapada en un mar de creencias limitantes, como algas que me mantenían atada al fondo. Cada vez que pensaba en buscar una carrera, me daba un ataque de pánico, como si se me estuviera acabando el aire.

lauraayala.sobrehumano@gmail.com

De niña, no había tenido nada, y aunque de adulta lo había tenido todo en el ámbito material —un matrimonio y una vida de ensueño—, después de las rupturas, me había quedado sin un mapa de cómo navegar el futuro. Siempre había imaginado mi vida como un cuento de Disney, lleno de magia y finales felices. Pero, ¡Cómo me equivoqué!

Disney nunca me mostró el lado B de esa historia, ¿Qué sucedía después que la carroza se marchaba hacia el "felices para siempre"? ¿Qué sucedía cuando se rompía el matrimonio de ensueño? Lo que nunca me dijeron, fue que las rupturas existen, y que los abandonos también. Y la parte mala de la historia, era que traían consigo una nueva realidad que incluía el trabajo duro, las lágrimas… Pero, sí, también la valentía, para que podamos levantarnos una y otra vez.

Cuando logré completar los tres primeros años de estudio nocturno, sentí que el mundo estaba finalmente a mis pies. En el primer año, me dediqué a trabajar en refacciones y reciclaje de propiedades,

lauraayala.sobrehumano@gmail.com

siempre acompañando a otros, observando cada movimiento, y entendiendo cómo funcionaba realmente el negocio. Era la novata que absorbía todo, como una esponja de construcción, aprendiendo a fondo la dinámica del área.

Para el segundo año, me planté en otra fase: ya no solo observaba, sino que tomaba decisiones con una seguridad que me sorprendía. Solo me quedaba un año de estudio, pero esa confianza recién adquirida me impulsó a cambiar de trabajo, siempre con mis hijos como fuerza motora. Porque cuando tenía que hacer algo por ellos, el miedo se esfumaba, ¡y me lanzaba de cabeza!

A lo largo de esos años, terminaba mis estudios con honores, mis notas y promedios siempre hablaban por mí, abriéndome puertas y brindándome privilegios en el mundo laboral. Pronto, las personas empezaron a buscarme para pedirme consejos y orientación, como si me hubiera vuelto, de un día para el otro, la gurú de los bienes raíces. Tomé todos los cursos gratuitos que pude encontrar en internet, y cuando finalmente pude permitírmelo, empecé a

lauraayala.sobrehumano@gmail.com

invertir en contenido de calidad. Era como si hubiera despertado a una Laura hambrienta, ansiosa por saberlo todo.

Mi nivel de educación creció, y con él, también lo hicieron mis contactos, mis oportunidades y, por supuesto, mi confianza. La Laura profesional había estado en hibernación, oculta bajo capas de responsabilidades familiares. Ahora, sin embargo, estaba lista para brillar.

Con una base sólida en construcción, di el salto a mi primera carrera universitaria en bienes raíces y remates, graduándome con honores. Pero aparte de lo que aprendía en los libros; día a día, me enriquecía con la experiencia práctica y las interconsultas con colegas, acumulando un conocimiento que me hacía sentir invencible. Me convertí en una versión de mí misma que, hasta entonces, no sabía que podía existir. Y lo mejor de todo: ¡recién estaba empezando!

Desde el principio, me lancé al negocio de los bienes raíces con una misión clara: nunca más dependería

lauraayala.sobrehumano@gmail.com

de nadie para tener un techo propio. Sabía construir, había aprendido de cimientos, planos, de dirección de obra, materiales, y estaba decidida a que, pasara lo que pasara, esa sería mi fortaleza. ¿Por qué? Porque había decretado que jamás me quedaría sin casa. Sabía que el siguiente paso era entender el mercado desde adentro, y qué mejor manera que ser parte del sistema inmobiliario.

Cuando empecé a estudiar construcción, al principio me sentía un poco fuera de lugar por mi edad. Algunos estudiantes apenas tenían 18 años. Pero también había gente mayor, lo cual me tranquilizó. Encontré un grupo de amigos, y, mira, hasta el día de hoy seguimos en contacto. Éramos un equipo fenomenal: si alguien faltaba, los demás le cubrían y siempre estábamos apuntados a cualquier capacitación sobre construcción que apareciera.

La universidad fue otro tema. Ahí sentí ese "latigazo social" de los que piensan que el estatus lo es todo—sí, adultos que juzgan por apariencias y se sienten exclusivos solo porque trabajan para otros y tienen un título rimbombante. Al principio, me dolía. Hoy,

lauraayala.sobrehumano@gmail.com

nada de eso me afecta. Aprendí que, si yo funciono, lo mío también funciona. Así de simple. Como alguien me dijo una vez: *"Lo demás es cotillón"*.

Lo más desafiante vino en el trabajo. Para aprender el negocio inmobiliario, empecé en una agencia enorme, y para ser sincera, pensaba que esa era "la gran escuela". Qué equivocada estaba. El lugar estaba lleno de gente materialista, y las prioridades de todos allí parecían reducirse a pagar una camioneta en 84 cuotas o comprarse ropa de lujo para aparentar lo que la educación no había alcanzado a darles. Eso al principio me afectó bastante; no estaba acostumbrada a un ambiente tan superficial.

Con mi segundo matrimonio, había tenido mucho, muchísimo. Todo lo que quisiéramos con solo chasquear los dedos. Conocía las comodidades y el lujo de primera mano. Pero la diferencia estaba clara: quienes nacen con dinero suelen ser más humildes. Ahí, el dinero trabaja para ellos, no al revés. Y entre mi segundo y tercer matrimonio, viajé por todo el mundo. De esa vida llena de

lauraayala.sobrehumano@gmail.com

experiencias, comprendí lo que en verdad me importaba. Y definitivamente no era lo que vivía día a día en esa oficina.

Al inicio, muchos me dejaron de lado, como si tuviera alguna peste contagiosa. Algunos hasta me maltrataron. Pero respondí con rapidez y, te diré, los dejé mudos. Meses después, uno de los más "importantes," un abogado de presencia imponente, se acercó. Con toda humildad me pidió consejo: *"Tú, que eres de armas tomar, ¿qué opinas de esta situación? ¿Qué me recomendarías hacer?"* Lo escuché y le di mi mejor opinión. No solo se fue agradecido, sino que me contó luego que mi consejo le había funcionado de maravilla.

Seis meses después que esa oficina tratara de minimizarme, la historia había cambiado. Mientras ellos estaban en lo suyo, yo me concentré en lo mío. Y, ¿qué crees? Pasé de la posición 44 en el ranking al puesto número uno. Con eso llegaron los premios, los viajes y, lo mejor de todo, una mejor calidad de vida para mis hijos y para mí. Nos mudamos, ellos estudiaron, y se graduaron. Hoy, tres de mis cuatro

lauraayala.sobrehumano@gmail.com

hijos ya están independientes. Yo estaba muy bien. Pero no era suficiente. Pronto me di cuenta que, más allá de las ventas, mi rol implicaba crear transacciones justas para compradores y vendedores, lograr que el día de la firma fuera más que una simple transacción, fuera una verdadera celebración.

Aprendí a conocer a mis clientes como a mí misma, a entender sus expectativas y a equilibrar sus deseos con la realidad. Así que me fui capacitando en temas legales, notariales, gestoría, en los secretos del desarrollo de proyectos inmobiliarios, en las ventas y la negociación. Todo eso sin perder de vista que el conocimiento en esta industria está en constante cambio y que yo, como un buen vino, no podía dejar de mejorar con cada año que pasaba.

La pasión siempre fue, y sigue siendo, mi factor diferencial. La experiencia más intensa que viví en esa agencia inmobiliaria fue con el dueño. Para empezar, llegaba con una operación que en ese momento me parecía descomunal: ¡55,000 dólares de comisión! Diez veces más de lo que solía verse,

lauraayala.sobrehumano@gmail.com

y claro, tampoco es algo que pase todos los días. Yo, todavía nueva en el rubro, estaba frente a una propiedad complicada, aunque supuestamente bien respaldada por una empresa que prometía tratarte como "familia" de principio a fin (spoiler: puro cuento).

La propiedad en cuestión tenía dos dueñas: una de 93 años en un geriátrico y otra en un psiquiátrico. A cada una la representaban dos herederas, que además eran parientes entre sí. La casa, una reliquia de 1920, había sido transformada en cinco departamentos, de los cuales uno había sido dañado en un incendio y los otros cuatro estaban alquilados "de palabra", sin contrato y con rentas de risa.

Todo parecía ir bien, hasta que, en medio de la compra-venta, los inquilinos, de forma unilateral y sin justificación legal, se declararon a sí mismos como ocupantes ilegales de la propiedad, es decir, se apropiaron del lugar sin tener un derecho formal, un contrato de alquiler o una autorización de los propietarios, justo cuando el desarrollador ya había pagado el 30% y, por ley argentina, tenía derecho a recibir la propiedad libre de intrusos. Así que, la operación se volvió una verdadera batalla campal. Como era de esperarse, acudí al dueño de la agencia en busca de apoyo. Entré en su oficina y le expliqué la situación. ¿Su respuesta? Sin apartar los ojos del solitario que jugaba en su computadora, me respondió con un odioso tono:

—*¿Y qué querés que haga, que te saque las papas del fuego? Arréglatelas sola, no es mi problema.*

Me quedé estupefacta. Pero entonces, algo en mí hizo clic: salí de ahí decidida a encontrar una solución, sin contar con él ni con su *"respaldada familia inmobiliaria"*. Me puse manos a la obra. Consulté abogados especializados y me uní a una de las herederas, que tenía muy claro que el tiempo apremiaba; su mamá tenía 93 años, y cada día era uno menos para que pudiera firmar la venta.

No fue fácil, porque los inquilinos amenazaban con quedarse, oponiéndose a desalojar, para obtener beneficios juraban lealtad a las dueñas. Sin embargo, después de cinco meses intensos y con

lauraayala.sobrehumano@gmail.com

muchas noches de desvelo, logramos despejar la propiedad y entregarla libre de ocupantes. Esta familia recibió su dinero, y el comprador, su tan esperado inmueble. Por mi parte: Misión cumplida.

Esta operación fue una de las más complicadas que enfrenté como novata, sin respaldo y con una carga de aprendizaje diaria que no se olvida. Desde esa experiencia, decidí que había llegado el momento de seguir mi propio camino. La oficina era mediocre, y la gente allí tenía una mentalidad aún peor. Aunque no lo sabían, ¡Me habían hecho un favor enorme! Gracias al maltrato que recibí, supe que no pertenecía ahí y que mi crecimiento personal tenía que seguir otro rumbo.

Tras un año de acumular experiencia como agente inmobiliario, con operaciones de todo tipo y complejidad, sentí que era el momento de irme. Terminé mis estudios y abrí mi propia agencia: una inmobiliaria boutique, diseñada para ofrecer a cada cliente y cada propiedad la atención que merecen. Aprendí a atender a otros como a mí me gustaría ser atendida. Había armado mi propia inmobiliaria

lauraayala.sobrehumano@gmail.com

mientras estudiaba, y ya era tiempo de convertirla en algo más que una simple empresa. No era cuestión de propiedades solamente; en cada una de esas transacciones había historias humanas, gente con dudas, miedos y problemas legales a los que debía encontrarles solución.

Mejore cada aspecto de mi negocio con la ayuda de una abogada especialista en derecho inmobiliario, una gestora y un asistente de confianza. Pulimos los sistemas, eliminamos las lagunas, creamos estructuras tan claras y sólidas que podíamos construir una casa sobre ellas. Armé mi logo, registré mi marca, y finalmente… Abrí mi propia inmobiliaria. Era un sueño hecho realidad.

Pero entonces llegó la pandemia. De un día para otro, mis recursos se tambalearon. No obstante, si algo he aprendido, es a reinventarme cuando el suelo tiembla. Resurgí, renové mi marca, y me adapté a la virtualidad. Mis clientes volvieron, las recomendaciones no faltaron, y me di cuenta de que todo lo que había construido tenía una base sólida.

lauraayala.sobrehumano@gmail.com

Hoy, miro hacia atrás orgullosa de cada desafío y de la red de relaciones que he tejido en este viaje.

He aprendido mucho sobre mí misma mientras tallaba mi propio sendero en el mundo de los negocios. La templanza y la determinación son mis anclas, pero si tuviera que elegir mi mejor arma, diría que es la perseverancia combinada con mi bajo umbral a la frustración. No pongo expectativas fijas en nada; en lugar de eso, muevo las piezas para que las cosas sucedan, convirtiéndome en una gran estratega. Y si el negocio no florece de inmediato, lo dejo en pausa para que madure, con la certeza de que estará ahí cuando el momento sea el adecuado.

¿Y si, con todo mi empuje y pasión, simplemente no sale? Bueno, me quito el sombrero, respeto el tiempo del universo, y sigo adelante. Así es como me mantengo enfocada, 24 horas al día, los 7 días de la semana, y los 365 días del año (24/7/365), siempre aprendiendo de cada experiencia, incluso de los silencios.

lauraayala.sobrehumano@gmail.com

En mis primeros años, mi sueño era trabajar con arquitectos. En aquel entonces, parecía un sueño lejano, casi imposible. Pero un buen día, en una de esas jugadas inesperadas del destino, recibí una llamada equivocada que terminó siendo mi primera conversación con un arquitecto. Fue muy amable, sí, pero también fue… digamos, diplomático. Jamás me dijo "no" a mis ofertas de vender sus proyectos, ¡pero tampoco me dijo "sí".

¡Dos largos años! me llevó, con mi perseverancia respetuosa, hasta que finalmente me dio la oportunidad, permitiéndome vender ¡22 propiedades de su estudio! Gianni siempre dice que admira mi perseverancia incansable. Yo diría que admiro su resistencia a mi perseverancia. Ahora, él es mi buen amigo, un gran arquitecto, sus obras son pura inspiración, y además es una persona a la que admiro profundamente. La bondad parece brotarle en cada palabra; y sé muy bien que llegara el momento de armar un proyecto en conjunto.

Al final, lo esencial es que, paso a paso, y con una sonrisa, sigo avanzando. Porque la vida, como los

lauraayala.sobrehumano@gmail.com

negocios, no siempre nos dice "sí" de inmediato… pero con un poco de ingenio, empuje, voluntad, disciplina y pasión por perseguir nuestros sueños, se puede llegar a cualquier parte.

De modo que cuando Fiamma, con su mirada de niña y su corazón de gigante, me miró y me pidió ir a Disney en sus 15 años, supo plantar una semilla de esperanza justo en el momento en que más la necesitábamos. No tenía idea de cómo haría para cumplirle, pero una cosa sí sabía: a pesar de todas las caídas, yo siempre me levantaría. Si eso significaba reunir el valor, la paciencia y la creatividad para que sus sueños se hicieran realidad, entonces lo haría, una y otra vez.

Tres años después, no estábamos en Disney, (como para que entendiéramos que no se trataba de un cuento de hadas) sino en Miami y Bahamas (porque ella lo había elegido así, como para afirmar que vivíamos una realidad que habíamos labrado a pulso), con las maletas llenas de ropa y recuerdos, disfrutando juntas del fruto de nuestro esfuerzo.

lauraayala.sobrehumano@gmail.com

Ver su alegría, su satisfacción, y saber que había cumplido mi palabra, se convirtió en el mayor de mis triunfos. Porque al final, mi mayor obra no es un negocio, ni un proyecto, ni una colección de éxitos, sino esos momentos inolvidables que hemos construido como familia. Sí, hemos recorrido un largo camino. Y con cada paso, más que nunca, sé que no se trata solo de llegar lejos, sino de hacerlo juntos, y de recordar, cada día, que no hay sueño demasiado grande para aquellos que están dispuestos a trabajar con todo el corazón.

Mi calidad de vida cambió, y también la de mis hijos. Hoy puedo decir, con la misma certeza que me ha traído hasta aquí, que este crecimiento no tiene vuelta atrás. No he llegado hasta aquí para detenerme. Hoy, tengo claro que el futuro que quiero para mí, no es un sueño, es una realidad en construcción —una realidad que, con cada paso que damos, será más grande y brillante de lo que jamás imaginamos. Será así, porque así lo he decidido, y créeme, *¡Soy de las que cumplen sus promesas, pase lo que pase!*

lauraayala.sobrehumano@gmail.com

Capítulo 5: La Construcción de una Nueva Vida

Hace muy poco, en 2022, Tomás se fue a vivir al extranjero, y aunque me decía a mí misma que debía centrarme en mis propias cosas, la verdad es que pasaba mucho tiempo preocupándome por él y por sus asuntos. Quería asegurarme en todo momento que las cosas estuvieran bien con él.

Poco después, a finales de 2023, Fiamma también se independizó. Y yo seguía ahí, batallando con esa parte de madre que cuesta tanto soltar. Mi pequeña Makarey aún está en casa. Entre risas y miradas cómplices, es como si cada día ella me recordara con dulzura y paciencia que ahora es mi turno de vivir.

Después de enero de 2023, las cosas tomaron un giro. Viajamos a Dubái a ver a mi hijo. Y al ver que estaba bien decidí soltarlo. Empecé a entender que me enfrentaba a una de las lecciones más importantes para una madre: soltar a los hijos.

lauraayala.sobrehumano@gmail.com

Dejarlos volar. Entendí que hacerlo, era darme permiso a mí misma también de avanzar y seguir creciendo.

Me sentí tan agradecida al verlo feliz y cómodo en su propio espacio. Me di cuenta que mis hijos ya crecieron y cada uno está buscando su propio camino. No podía ser de otra manera. Son grandes emprendedores, los creadores de su propio destino. Salieron del ejemplo que con tanto empeño les inculqué, y me llena de orgullo tanto a mí como a ellos.

A diferencia de mi historia, yo fui una madre presente, cariñosa, siempre dando abrazos, caricias, palabras de aliento. Hice lo imposible (y un poco más) para que nunca les faltara lo esencial: hogar, medicina, estudios, recreación y, por supuesto, una familia unida.

Pero había algo que era inevitable: con el vuelo de cada uno de mis hijos, comencé a sentir un vacío. Estaba orgullosa de ellos, sí, pero también tenía un toque de tristeza. Es algo con lo que, al final, uno se

lauraayala.sobrehumano@gmail.com

acostumbra. O quizá no. Pero lo que sí sé (me he convencido de ello) es que yo puedo llegar a donde ellos estén, siempre que me lo proponga.

La distancia nunca será un obstáculo para mí. A veces, sí, caigo en el bajón y me doy cuenta de que estoy atascada. Quisiera poder darle más cosas a mi pequeña Makarey, pero ella… ¡es todo un sol! Se ha convertido en mi compañera, enseñándome a disfrutar de las pequeñas cosas. Y me alienta a hacer cosas que me hacen feliz. En una de nuestras charlas, ella me miró y me dijo:

—¡Mamá, para un momento! ¿Te diste cuenta de que te llamaron de una revista para pedirte una nota? ¡Es a ti a quien buscan! —Y me habla con esos ojos grandes, llenos de asombro, como si fuera mi coach personal. —¿Quién tiene su propia inmobiliaria, su línea de zapatos y ahora está por publicar su propio libro, su historia? ¡TÚ! ¡Lo vas a lograr! Y todo por tu cuenta, ¡sin ayuda de nadie!

Me habla como si estuviera frente a un público, con sus manos moviéndose, como diciendo: *"¡Date*

lauraayala.sobrehumano@gmail.com

cuenta! ¡No te falta nada, es solo cuestión de tiempo!"

Muchas veces, reflexionamos sobre los objetivos alcanzados y acerca de los que aún están en proceso. Pensamos que algunas cosas necesitan madurar, pero estamos seguras de que la perseverancia nos llevará al momento adecuado. Y cuando llegue, nosotras estaremos preparadas.

—*Mamá, te amo,* —me dice después de cada reflexión, y yo me siento más fuerte que nunca.

No me había dado cuenta de lo importante que es tomarse un espacio para una misma hasta que empecé a verla a ella. Es diferente, más sensible. Y me di cuenta de que debía enseñarle a ser fuerte, pero de una manera más diplomática. Empoderarla, elevar su autoestima, enseñarle a cuidar su cuerpo y su entorno, a respetarse a sí misma. Y qué mejor manera de hacerlo que siendo su ejemplo cada día. Lo que vivimos y respiramos en casa la motiva, y me motiva a mí también.

lauraayala.sobrehumano@gmail.com

—*Este es el año en el que, por fin, aprenderé a nadar*
—Se lo propuse: las dos, cada una en su carril, ¡pero con la misma meta!

Además, la incentivo a estudiar más idiomas, que es lo que más le gusta. Y yo también le doy el ejemplo, esforzándome por aprender inglés con toda la perseverancia que tengo. La veo pasar de nivel y su felicidad es mi mayor recompensa. Ya estamos planeando un viaje juntas, ¡y vamos a ser unas viajeras por el mundo! Nada nos va a detener, ni el cielo mismo. Cuando uno se lo propone, no hay límites.

He aprendido a cambiar el chip paso a paso, para entender que mis hijos ya se han lanzado al ruedo, ¡a la vida misma! Caminan con sus propias piernas y hasta gestionan sus cuentas, así que ¿por qué no darme yo también una oportunidad? Ahora tengo más tiempo para mis propios proyectos y hasta para soñar con nuevas aventuras.

¡Mi felicidad ahora es completamente mía! Con una mente enfocada en la alegría, es increíble cómo la

lauraayala.sobrehumano@gmail.com

vida entera se empieza a ver distinta, más ligera y hasta más brillante.

Para priorizarme tuve que reorganizar mi día a día. Me doy permisos —ah, sí, me los doy sin remordimientos—, y me propongo vivir de la forma más saludable posible, proyectando llegar a los ochenta, erguida y llena de energía. Claro, nadie sabe cuánto nos queda de vida, pero yo apunto a vivir esos años de la mejor manera.

Me doy tiempo de calidad, me regalo mis propios caprichos y disfruto de momentos sencillos con mi hija y nuestra mascota. Además, me he embarcado en tres proyectos personales que me mantienen en movimiento y con la mente ocupada, y sigo un estilo de vida de mucha meditación, de conexión interior.

¿Quieres saber cómo logré empezar a darme este espacio? Con cosas sencillas. Me gusta levantarme temprano, meditar al amanecer y dedicarme un rato a estudiar inglés, que es mi nueva meta (porque sí, ¡quiero aprenderlo de una vez por todas!).

lauraayala.sobrehumano@gmail.com

Comencé a meditar después que mi segundo esposo nos dejara. Fue como una especie de tabla de salvación, algo para que el bebé que llevaba en mi vientre no absorbiera las angustias que me atravesaban en ese momento. Siempre me dijeron que una mamá triste que amamanta, pasa sus amarguras a su hijo, y yo no podía permitírmelo. Mi pequeña apenas estaba comenzando a formarse, y yo tenía que transmitirle alegría, serenidad, y esa energía de vivir. ¡Esa etapa era crucial!

Recuerdo que le pedí a Dios un regalo, y así llegó ella: siempre sonriendo, sana, feliz… ¡y alegrando mis días! Con una ternura que me devolvía la vida. Meditar se convirtió en mi refugio. Esos minutos de concentración me devolvían la calma, la paz y la fuerza para seguir adelante. Salí de estados de desesperación y pensamientos destructivos, todo con la ayuda de unos minutos de meditación, enfocados con un propósito.

Con el tiempo, descubrí que la meditación era mucho más que un alivio temporal. Se convirtió en mi salvavidas, un momento sagrado para resetear mi

lauraayala.sobrehumano@gmail.com

mente y calmar mi ansiedad. Aprendí a respetarme. Eso permitió que los demás también lo hicieran. Dejé de juzgarme, y eso cambió mi mundo.

Ahora veo la vida de otra manera: es única, y aunque todos lo sabemos, realmente no lo entendemos hasta que tomamos consciencia de ello. Aprendí a rodearme de personas que aportan, que vibran tan fuerte como yo, y a dejar ir a quienes no lo hacen. ¡Decidí decir adiós a la negatividad!

Una vez, cuando Fiamma aún vivía con nosotros, me dijo, preocupada:

—*¡Mamá! A veces me da miedo… cuando meditas te vas tan lejos que me da miedo que no regreses… ¡Yo no sé qué haría para traerte de vuelta!*

Me reí y le dije que no se preocupara, que eso solo me hacía bien. Y aunque mis hijos no compartan la misma creencia, me respetan. A veces los escuchaba decir entre ellos:

lauraayala.sobrehumano@gmail.com

—¡No la molesten, no la saquen de concentración!
— Y yo me reía. No sabían que al hacer más ruido de la cuenta, en realidad me sacaban de mi concentración... ¡pero qué ternura que me cuidaran así!

Nunca se los dije, pero seguro entenderán todo cuando lean este libro, ¡y se darán cuenta de cómo sané todas esas heridas! Lo escribí entre risas, lágrimas, recuerdos que salieron de los rincones del alma y miedos que resurgieron, pero que al final sané.

Quiero que sepan que las lágrimas que derramé mientras escribía fueron muchas, sí, pero muchísimas más fueron las emociones hermosas que compartí con ellos. Los abrazos de oso, las risas, ¡esos momentos en que todos ellos se amontonaban en un solo espacio... en los brazos de mama! ¡el lugar más hermoso del mundo!

Y aunque ya no soy la misma, cada abrazo de ellos es el único lugar en el que quiero estar. Los amo con

lauraayala.sobrehumano@gmail.com

todo mi ser, y sé que ellos a mí también. ¡Lo hicimos bien! ¡Lo logramos! ¡Somos los campeones!

En el presente, desayuno con mi hijita cada mañana como un ritual sagrado, hago ejercicio, me regalo flores y perfumes para el hogar, y disfruto de estar en su compañía. También entreno en casa y adoro caminar cerca de lugares con agua; hay algo sanador en ese sonido de fondo que me da paz.

Mis momentos de soledad son sagrados, los valoro como mis espacios para pensar, soñar y hasta poner en marcha algún nuevo proyecto con visión de futuro. Encuentro una conexión especial con la naturaleza, y lo curioso es que incluso en la ciudad, he aprendido a notar detalles que otros pasan por alto.

¡He llegado a identificar mariposas, garzas, colibríes y hasta aguiluchos que pasan a mi lado! Es como si el mundo estuviera lleno de pequeños secretos solo para quienes saben dónde mirar. Recuerdo que una vez alguien me dijo:

lauraayala.sobrehumano@gmail.com

—*¡Eres como Blanca Nieves!* Donde vas, vienen todos los animalitos.

Me reí mucho y le respondí:

—*Los animales se acercan solo si vibras alto y si observas, todo está ahí para ti.*

Mientras viajábamos al sur de mi país, a Puerto Madryn, famoso por sus avistajes de ballenas francas, no solo vimos las ballenas; ¡tuvimos un toque de magia! Pudimos ver orcas ¡una familia completa de cinco integrantes!

Subimos a un bote para la excursión, y vimos como si fuera en las postales, esa impresionante cola de ballena. Pasaban debajo de nuestro bote, luciéndose delante de todos. El momento fue espectacular. Pero lo más increíble sucedió cuando, mientras recorríamos la Península Valdés, nos topamos con un grupo de camarógrafos japoneses y un equipo de National Geographic.

lauraayala.sobrehumano@gmail.com

Habían estado allí durante 10 días apostados, sin suerte alguna, ya decididas a rendirse. Recogieron todo y se fueron. El guarda parques nos contó ese incidente sorprendido, el junto a nosotros visualizo el espectáculo, justo después de la partida de los camarógrafos, la naturaleza dio inicio a un show digno de una película: ¡cinco orcas! Y lo mejor de todo, ¡una madre enseñando a su cría a cazar!

Mientras otras orcas rodeaban a los lobos marinos, la madre acorraló a uno, dejando que su cría lo atrapara, como diciéndole: "¡Este es el camino!" ¡Y lo logró! La madre protegió a su hijito, como si fuera un paso más en su proceso de aprendizaje. ¡Qué increíble fue presenciar ese momento! La naturaleza nunca deja de sorprenderme.

En otra ocasión, viajamos por las montañas, con el GPS sin señal, un tanto perdidos, pero sin preocupaciones. En lugar de estresarnos, decidimos seguir el camino, por si acaso regresábamos por donde habíamos venido. Fue entonces cuando, en lo alto de la montaña donde ya casi cuesta respirar, en un rincón apartado, vimos algo majestuoso: una

lauraayala.sobrehumano@gmail.com

pareja de cóndores en su nido. Aquel espectáculo era tan sobrecogedor, con sus enormes alas brillando al sol, que ni el ruido del vehículo pudo opacar ese instante. A veces pienso que la naturaleza me regala momentos como estos para recordarme que todo está conectado.

Y hablando de regalos, los colibríes son mis favoritos. Cada vez que estoy en la ciudad y los veo a pocos metros de mí, no puedo evitar quedarme en suspenso, admirando su vuelo tan ágil y sus colores brillantes. Miro alrededor y veo a la gente atrapada en sus problemas, mientras yo soy testigo de ese milagro de la naturaleza y no puedo creer que nadie más lo note. ¡Qué maravilloso es sentir que esos momentos son un mensaje solo para mí!

Después de la experiencia con las ballenas, hace un año más o menos, estaba en un parque, descansando con Fiamma, rodeadas por la vibrante naturaleza. Escogimos un lugar debajo de un palo borracho en flor, y me acosté sobre mi manta, mientras las flores caían como helicópteros, tiñendo el suelo de rosa y blanco. ¡Qué maravilla!

lauraayala.sobrehumano@gmail.com

Estábamos recostadas sobre el pasto, disfrutando del momento. No era el silencio lo que dominaba el espacio, sino el bullicio de dos de las avenidas más transitadas de la capital: la Avenida del Libertador y la avenida Figueroa Alcorta. Pero estábamos solas, a salvo de la rutina de los demás, mientras ellos trabajaban, yo podía manejar mis tiempos, y Fiamma también porque estaba en la facultad. Estábamos nosotras solas allí, en paz, compartiendo un momento de conexión con la naturaleza y que solo un lugar como ese puede dar.

De repente, una sombra llamó mi atención. Miré hacia arriba, y allí estaba, majestuosa: una garza negra. Sabía que por la cercanía del río, ver alguna por allí no era raro, pero esa fue una aparición distinta. En un abrir y cerrar de ojos, otras se unieron: una… dos… tres… doce garzas, nada menos. Se posaron en los árboles, algunas en pareja, otras en grupos. Se movían con una elegancia impresionante, como si fueran parte de una coreografía que solo ellas conocieran.

lauraayala.sobrehumano@gmail.com

No podía dejar de mirarlas, inmóvil, mientras se alineaban en el cielo. Y luego, descendieron en un círculo perfecto, como si flotaran en el aire, con sus plumas negras y las puntas verde inglés brillando bajo el sol. Bajaron lentamente, cada una realizando una danza coordinada pero única, hasta aterrizar suavemente a siete u ocho metros de nuestros pies.

Durante 30 minutos, se quedaron allí, picoteando y alimentándose, como si el mundo a su alrededor no existiera. Finalmente, se levantaron, y sin dejar rastro, desaparecieron, regresando por el mismo camino que habían bajado.

Esos momentos... fueron tan únicos, tan hermosos, que, si no hubiera estado con mi hija para atestiguar, nadie lo habría creído. Rodeadas por miles de autos, a tan solo unos metros de las avenidas más caóticas, yo estaba completamente asombrada, feliz, porque la naturaleza me había dado un regalo exclusivo. Pensé, con una sonrisa:

—*Esto es un mensaje, un regalo para mí.* —Y mientras las garzas desaparecían, me quedé allí,

lauraayala.sobrehumano@gmail.com

con la certeza de que lo único importante es vivir y disfrutar, porque al final, no nos llevamos nada. Ni en mis sueños más locos hubiera imaginado algo así en medio de la ciudad. Ese fue un regalo de la naturaleza, tan hermoso y tan inesperado, que me hizo sentir agradecida por todo lo que la vida me da.

Recuerdo cuando era niña, que mi padre me contaba una historia bastante curiosa: Cada año, en las mismas fechas, una especie rara de avispa lo venía a visitar. Y lo más sorprendente de todo es que, aunque nos mudábamos constantemente, a diferentes barrios, casas, o departamentos, ella siempre aparecía, como si tuviera un mapa secreto solo para encontrarlo.

Un día, mientras él estaba sentado tranquilo, esa avispa tan peculiar, distinta a cualquier otra que hubiera visto antes, voló alrededor de él. Yo, por supuesto, me asusté y no sabía si salir corriendo o espantarla. Pero él, se apresuró a decirme:

—*No se asuste, no la moleste. Es mi padre que viene cada año a visitarme.* —Así, con esa certeza tan extraña y convincente. Comprendí que él no estaba viendo una simple avispa, sino algo mucho más misterioso. Él nunca dudó de eso, y yo tampoco lo hice.

Mi padre siempre tenía creencias de tiempos antiguos, algo que venía de otra época, pero la imagen de esa avispa que aparecía siempre, sin falta, en cualquier lugar al que fuéramos, le daba un toque mágico al relato.

En esa época, había muchas historias sobre personas que se transformaban en animales, pero yo nunca llegué a creerlo. Sin embargo, me hacía gracia pensar que tal vez esa avispa era como los alebrijes de México, esos seres fantásticos, llenos de colores y magia. Y con mi hija, cuando nos reímos, a veces le decimos a nuestro caniche, que es nuestro alebrije, como si esa misma magia que mi padre creía estuviera presente en nuestra vida.

Lo que siempre me llamó la atención fue que, tras su visita, la avispa rodeaba con varias vueltas a mi padre y luego desaparecía. Pero en esa

lauraayala.sobrehumano@gmail.com

desaparición, había algo profundo, como si lo que yo estaba viendo solo fuera parte de una historia personal y exclusiva entre mi padre y ese ser tan extraño.

Mi abuelo, su padre, había muerto cuando él tenía apenas siete años. Mi abuela, a quien nunca conocí, se casó poco después con otro hombre, tal vez por la soledad de ser viuda, en un país extranjero con dos hijos pequeños. Ese hombre, fue muy cruel con mi padre casi sin piedad, o al menos eso era lo que contaba él en sus recuerdos. Fue esa vida tan dura, marcada por el abuso, la pérdida y la violencia, lo que hizo de él, aquel hombre tan rudo que fue conmigo.

Mi padre era un hombre alto, imponente, de casi dos metros de estatura, con unos ojos de un amarillo miel, tan peculiares, tan profundos, que solo los he vuelto a ver en una persona en todo el mundo. Por esa historia de su dolor, yo siempre entendí su tristeza, aunque nunca compartí su crueldad y resentimiento. Siempre le reprochó a su madre el haberse casado de nuevo, y mucho más, por dejar que su padrastro lo maltratara. Pero eso empecé a entenderlo ya de grande.

Un día, a mis once años, recuerdo que un estruendo en la puerta principal me cogió de sorpresa. Al abrirla, ahí, de pie, vi a un hombre que me dejó sin aliento. Era como ver a mi padre parado en el umbral... pero no era él. Sabía que papá estaba dentro de la casa. Pero su cara era idéntica: los mismos rasgos, la misma expresión. Sin embargo, los ojos eran distintos, marrones oscuros en lugar de ese amarillo miel que brillaba como un sol en el rostro de mi padre.

Al detallarlo más, me fijé en que el hombre que estaba frente a mí era más bajo que mi papá, quizá tenía un metro setenta, pero esa cara... ¡era la misma suya! Como si alguien hubiera tomado el rostro de mi padre y lo hubiera pegado en un cuerpo que no le pertenecía. Me quedé paralizada, como si el tiempo se hubiera detenido. Finalmente, logré articular un llamado:

—¡Papá!

lauraayala.sobrehumano@gmail.com

Mi padre llegó y al abrir la puerta, entendí el misterio: era su hermano, mi tío, alguien de cuya existencia jamás había sabido. Ese hombre venía con noticias que cambiarían muchas cosas en mi vida: mi abuela, de quien siempre me dijeron que estaba muerta, acababa de fallecer.

Las palabras se clavaron en mí como un golpe seco. ¿Cómo podía ser? ¿Mi abuela estaba viva todo este tiempo? ¡Podía haberla conocido! Y ahora resultaba que se había ido definitivamente. Era como si me hubieran robado algo valioso sin siquiera darme la oportunidad de pelear por ello.

Mi tío había llegado para hablar sobre los campos y la herencia, esos temas de adultos en los que yo no podía participar. Pero mi curiosidad era demasiado grande, así que me quedé espiando, tratando de juntar las piezas de un rompecabezas que apenas empezaba a entender. Lo único claro en ese momento era el dolor profundo de descubrir que tenía una abuela y que me la habían negado hasta el último segundo.

lauraayala.sobrehumano@gmail.com

Con el tiempo comprendí algo más devastador. Mi padre, en algún momento, mencionó casi en un murmullo: *"Te pareces mucho a mi madre"*. Y ahí encajaron todas las piezas. Todos los golpes, los gritos, la dureza con la que me trató durante mi infancia, tenían un origen. Su ira, su dolor, su resentimiento hacia ella se volcaban en mí porque yo era su reflejo.

Un día, revisando sus cosas en secreto, encontré una foto vieja, de esas en blanco y negro, pequeña como de documento. Al verla, sentí un escalofrío: era mi cara, pero con cabello corto y oscuro. Era ella, mi abuela. Y ahí entendí todo. Esa foto se perdió con el tiempo, entre mudanzas y casas que dejamos atrás. Pero no importa, porque aún la llevo conmigo. La veo cada vez que me miro al espejo. Soy yo… pero también es ella.

Desde entonces, mi conexión con mi abuela se volvió algo sagrado. Aunque nunca la conocí, quise honrarla de la única manera que me parecía auténtica: aprendiendo su idioma, no solo bailando o

lauraayala.sobrehumano@gmail.com

haciendo lo que otros creen que representa la cultura árabe. Para mí, aprender el idioma era traerla de vuelta, devolverle una voz que le fue negada.

Mi tatuaje en árabe es un recordatorio de esa conexión, una forma de decir que sigo aquí, honrando su esencia, tratando de mantener algo que nadie más mantuvo. Es mi forma de traerla a la vida, de reparar ese vínculo que me fue arrebatado. Porque, aunque me la negaron, ella siempre ha estado conmigo.

Comprenco el dolor de mi padre, su rencor y su amargura. Ya no le reprocho nada. Más bien procuro valorarlo. Siento esa conexión que él tenía con la naturaleza, y creo que forma parte de mi herencia. Mi padre veía a esa avispa como algo que lo conectaba con su padre, con un pasado lejano. Y aunque muchos lo considerarían raro o excéntrico, yo siempre lo respeté. A fin de cuentas, en su mundo, ese ser venía a darle consuelo, y esa era la magia que le daba sentido a su vida.

lauraayala.sobrehumano@gmail.com

Los animales tienen ese poder: nos enseñan sobre la ternura, la lealtad y el amor puro. Eso hacía con nosotros Zafira, nuestra Golden Retriever, siempre se metía a la pileta, fingiendo que se hundía solo para que la rescatáramos y la abrazáramos. ¡Era un juego, pero también una manera de pedir atención! Mis hijos solían decirle:

—*¡Basta, Zafi, queremos jugar nosotros!* —Pero ella, como los animales más sabios, sabía que a veces la forma más pura de pedir amor es siendo vulnerable, y lo hacía con tanto estilo que era imposible no caer en su juego. Se lanzaba a la pileta una y otra vez, y lloraba para que la rescataran.

Los animales, en su simplicidad, nos enseñan todo lo que necesitamos saber: cómo ser humanos, cómo hacernos conscientes, y sobre todo, cómo ser agradecidos por cada momento que la vida nos regala.

De modo que me maravillo observando, y disfruto esos momentos, como un regalo de paz. Ahora escucho a mi propio cuerpo más que nunca, tratando

lauraayala.sobrehumano@gmail.com

de entender cada susurro que me envía. Ya no vivo corriendo; comprendí que la vida también está en esos momentos de pausa: una taza de té, una charla, un helado, una flor... esas pequeñas cosas que, cuando las disfrutas, son las que en verdad llenan el alma.

Una de mis mayores satisfacciones —y mi pequeño secreto para ser feliz— es hacerme regalos a mí misma. ¿Por qué esperar a que alguien más lo haga? Yo soy la experta en mis gustos. Lo he convertido en una filosofía: celebrar mis caprichos sin necesidad de ocasión especial. ¿Aniversario? ¿Cumpleaños? ¡Por favor! La vida misma es razón suficiente.

Hace poco descubrí que en Buenos Aires venden la mermelada de saúco que me tiene obsesionada. Esa fruta casi exótica del sur de mi país... ¡es un manjar! Así que me regalo cada cierto tiempo un frasco de esa mermelada para no perder su encanto. Créeme, cada cucharada es como un abrazo dulce.

lauraayala.sobrehumano@gmail.com

Salgo todas las tardes con mi hija Makarey y nuestro pequeño Mango, un caniche tan glotón que a veces lo veo capaz de hacer malabares si sabe que hay premio al final. Caminamos siete cuadras despacito, disfrutando del aire, mientras Mango nos observa desde abajo como si fuéramos rascacielos –porque, dicho sea de paso, somos bien altas–.

Disfrutar una caminata con mi hija, sin teléfonos de por medio, es otro de esos regalos. Que me tome la mano y me suelte un "te amo, mami" sin más... esos momentos valen oro. Y luego, claro, llegamos a la tienda para comprar mi mermelada de saúco. ¡Imagínate! ¡De no haberla encontrado tendría que viajar 1,400 km para conseguirla y claro que lo haría! ¡Bien vale la pena!

Eso me lleva a otro de mis regalos favoritos: viajar. ¿Ya te lo he dicho? Pues vuelvo a repetirlo: Nada me llena más que ver lugares nuevos, sumergirme en otros colores y culturas, sentir la arena y la naturaleza. Regalarme viajes en compañía de mis hijos es otra manera de mimarnos juntos.

lauraayala.sobrehumano@gmail.com

Este año planeaba un viaje especial: quería llegar a Dubái para pasar la Navidad con mi hijo y mi nuera (que ya considero como mi hija) y luego escaparnos todos a Laponia, al mismísimo hogar de Santa Claus, renos y auroras boreales incluidos. Ya sabes, cumplirle el sueño a mi niña interior.

Pero, bueno, a veces los planes se tuercen: algunos proyectos en los que he invertido se llevaron más dinero del que esperaba, y necesariamente, los vuelos aún están en veremos. Pero no me desanimo... uno nunca sabe; quizás en el próximo libro te cuente que sí logramos ir.

Con mis cuatro hijos he aprendido a jugar y soñar, como decía el Pinocho de esa película que siempre bromeamos en familia: "Soy *un niño de verdad*". Y para cuidar a mi niña interior, cada año me regalo alguna experiencia especial.

Este año, por ejemplo, me apunté a unas clases de surf para mi cumpleaños. Reservé hotel, instructor, el kit completo. Pero una semana antes, el profesor me llama y me dice que hay pronóstico de sudestada

lauraayala.sobrehumano@gmail.com

(un fenómeno climático con fuertes vientos del sudeste que trae lluvias intensas y causa crecidas en las costas). Pensé en cancelar y dejar las clases abiertas, pero un amigo me dijo:

—¿*Dejar de ir por una tormenta? Eso no va contigo. ¿Qué es lo peor que puede pasar? Que veas una peli en el cine en lugar de surfear... pero que tú no vayas, no me lo creo.*

Esa frase me sacudió. Me hizo gracia percibir cómo me veía, y me dio una inyección de valentía. Llamé al hotel, al profesor, a todos, y retomé mi plan.

—*Pero... ¿Y la sudestada?* —me decían. Yo solo contestaba:

—*El cielo me va a dar la oportunidad, lo sé.*

Llegué a Mar del Plata el 14 de abril, nublado pero precioso. Esa ciudad es un cofre de recuerdos para mí. Llovió a cántaros toda la noche, así que me quedé despierta recordando las mil historias que viví ahí de niña, las veces que construí castillos de arena

lauraayala.sobrehumano@gmail.com

torcidos y pozos para "piscinas" que siempre terminaban llenos de agua y cubiertos de arena...

La mañana de mi cumpleaños, el 16 de abril, me desperté temprano para ver el amanecer. Llovía con fuerza, pero me puse ropa cómoda y salí igual a caminar por la playa. Al pasar por el espigón, recordé la primera vez que mi padre me animó a entrar al mar.

Me daban miedo las olas, porque un año atrás cerca de mis 4 años, me habían sacado casi ahogada y llegué desmayada al hospital. Por descuido caí en la parte profunda de una pileta semi olímpica y jamás pude aprender a nadar por el pánico.

Recuerdo a esa como la primera vez que mi padre puso su atención en mí. A su modo, me enseñó a saltar las olas sin resistirlas, y a dejarme llevar si alguna me arrastraba. Esa vez sentí que realmente le importaba. Mientras miraba el mar oscuro y embravecido, recordando esos eventos de niña. sentí una mezcla de miedo y admiración. Pude recordar a mi padre, sin rencores ni resentimientos.

lauraayala.sobrehumano@gmail.com

Las olas golpeaban la muralla de cemento frente a mí, y al mirar las grietas de tantos años de resistencia, pensé:

—*Así soy yo también, doy batalla hasta el final. He superado muchos embates, y aquí sigo de pie.*

De repente, dejo de llover, el cielo empezó a abrirse, las nubes formaron un corazón y un rayo de sol tocó el mar. Me quedé atónita. Era como una señal.

"No tenga miedo", escuché en mi mente la voz de mi padre, *"si la ola la arrastra, déjese llevar; el mar la devolverá a la orilla"*. Sentí paz. Y en ese momento, me reconcilié con su recuerdo.

El 16 de abril, al mediodía, finalmente tomé mi clase de surf. El cielo se despejó, las olas seguían fuertes, pero no tanto como antes. Logré ponerme de pie en la tabla, aunque solo fuera un instante... ¡y lo celebré como el mejor regalo de cumpleaños!

lauraayala.sobrehumano@gmail.com

Lo que me empuja a seguir cultivando mi bienestar, incluso en medio de las tormentas, es la disciplina que me enseñaron las artes marciales. Recuerdo esos entrenamientos extenuantes, donde sentía que el cuerpo se iba a rendir, pero sabía que el esfuerzo tenía un fin. Al final de cada sesión, miraba hacia atrás con orgullo. ¡Había logrado una vez más superar mis propios límites!

Cada día avanzaba un poco más, y con el tiempo, esa experiencia me fue mostrando que, en la vida, todo es pasajero. Claro, hubo momentos tan duros que casi me dejé vencer por la marea, pero algo en mí siempre encontró una razón para seguir.

Mis hijos también fueron como pequeños guardianes de mi fuerza. En su inocencia, me obligaban a levantarme una y otra vez, a no rendirme. ¿De qué servía abandonarse al dolor? ¡Para nada! Solo para despertar la lástima de los demás. Y no, eso no era para mí.

Aprendí que, si yo no estaba entera, con salud y lista para luchar, ¿quién iba a protegerlos? Así que, en

lauraayala.sobrehumano@gmail.com

cada dificultad, sacaba esa reserva inagotable de fuerza que ni yo sabía que tenía. Era mi responsabilidad estar bien, cuerpo y alma, por ellos y por mí misma. Y fue en ese proceso de cuidado que descubrí una verdad potente: la persona más importante para mí... ¡soy yo misma!

Cada lección, cada caída, cada dolor iba templando mi carácter. No nací fuerte, me hice fuerte. Y antes de aprender a ser decidida, tuve que aprender a decidir por mí misma. Mi infancia fue una escuela de sumisión hasta que un día, dije basta. Forjar mi propio camino no fue instantáneo, pero sucedió. Y tal vez lo que más me impulsó en mi búsqueda de una mejor versión de mí misma fue aprender a valorarme. Comprendí que debía respetarme. Y bajo esa conciencia todo cambió.

Mis hijos crecieron y, poco a poco, empecé a ver la posibilidad de ser la protagonista de mi propia historia. No sé en qué momento exacto ocurrió ese despertar, pero recuerdo observar a otras madres en el colegio. Las veía siempre corriendo detrás de los hijos, entregadas por completo a la casa, al marido

lauraayala.sobrehumano@gmail.com

y hasta a las mascotas, pero sin un espacio para ellas mismas. Era como ver a personas atrapadas en una rueda sin fin, agotadas y quejándose de una vida que parecían no haber elegido. Me di cuenta que no quería eso para mí.

Y fue entonces cuando empecé a observar a la gente a mi alrededor. Personas de mi edad y hasta más jóvenes, pero envejecidas por la rutina y el peso de las responsabilidades. Gente que seguía soportando trabajos que los hacían sufrir, sujetos a las órdenes de otros y atrapados en una vida que, para mí, era una prisión invisible. Yo tenía en mis manos un As valiosísimo: mi independencia, mi fuerza. Era capaz de valerme por mí misma, y esa libertad era mi mayor victoria.

Valorarme tuvo un impacto. Primero en mí, antes que en nadie más. Mi vida se volvió tan buena como yo estaba dispuesta a hacerla. Con tiempo y esfuerzo logré una independencia que me dio el poder de elegir cómo quería vivir. Cuando mi tercera hija alcanzó la mayoría de edad, sentí que todos estaban preparados para volar solos.

lauraayala.sobrehumano@gmail.com

Mi hija mayor se fue a recorrer el mundo trabajando; mi hijo decidió que su primer empleo sería en Dubái; y la tercera juega al fútbol como una estrella y evoluciona laboralmente de forma independiente. Todos han encontrado su propio camino y viven con fuerza, pasión y propósito. Ahora, mi hija más pequeñita y yo, somos las únicas que quedamos en casa. Disfruto de sus mimos y de nuestras conversaciones, en las que siempre me anima a tomar mi espacio y a respetar el de ella, ¿Qué tal?

Ella se asombra al ver que, incluso ahora, sigo creciendo y logrando cosas que antes me parecían imposibles. Me siento más liviana, con más tiempo para mí misma, y, aunque a veces extraño la responsabilidad constante de ser madre, ahora soy casi toda para mí. Sin duda, hay retos para mantener ese equilibrio. Mi hija menor todavía vive conmigo, y tengo el deber de ser madre con ella, ¡Cosa que me encanta! Pero también anhelo explorar el mundo, vivir en el extranjero y descubrir otros horizontes.

lauraayala.sobrehumano@gmail.com

Cuando era niña, leí una versión de la historia de Cristóbal Colón en un libro español, donde las cosas no eran tan simples como "las tres carabelas" y "el conquistador de las Américas que zarpó del puerto de Palos". ¡No! Esta versión era de vértigo, de un italiano audaz que se dejó llevar por su instinto y se lanzó al océano sin saber qué le esperaba.

Después, ya conocemos todo lo que siguió, pero lo que me quedó retumbando en la cabeza fue la imagen de España: los reinos, la nobleza... Yo me perdía imaginando sus ropajes elegantes, su cultura avanzada, sus políticas sofisticadas y sus ciudades creciendo a pasos agigantados. Me fascinaban esas historias, como una niña que ve un mundo entero más allá de su ventana.

Y en casa, por más que quisiera, las historias de la vida real brillaban por su ausencia. Mis padres no tenían amigos, o al menos no los invitaban a casa si los había. Así que mi único refugio era ese pequeño mundo de libros, que me ofrecían un universo tan lejano como los cuentos de hadas, donde los finales felices siempre llegaban al sonar de la última página.

lauraayala.sobrehumano@gmail.com

Pero esta historia, la de Colón, no era como esos cuentos. Era más cruda, más vívida, y, por alguna razón, más real. Y algo en mí despertó. Ese relato encendió mi deseo de viajar, de descubrir nuevos mundos desde otras perspectivas, quise tener vivencias auténticas y mis propios relatos increíbles.

A partir de allí, muchas vivencias e historias se han sumado a mi vida y a mi corazón, he podido conocer la realidad de muchas de aquellas cosas de las que solo había leído. Amo viajar por el mundo. Por ahora, solo tomamos viajes con regreso para no interrumpir los estudios de Makarey ni sacarla de su entorno. Quiero que tenga una vida lo más estable posible… o al menos, tanto como se pueda. Pero desde ya me estoy preparando para cuando llegue el momento de cumplir esos anhelos que guardo en el corazón.

La vida es un viaje tan personal como inevitable, y a través de mi ruta he entendido que construir una nueva vida es más que dejar atrás una versión antigua de mí misma. Es reconocer que cada paso, cada decisión y cada cicatriz forman parte de un

lauraayala.sobrehumano@gmail.com

proceso interminable de transformación. Porque para ser mujer, ser madre, y ser libre… debo aprender a entrelazar todo eso en una danza que, aunque a veces desafía el equilibrio, me hace sentir más viva que nunca.

Hoy miro al pasado y me siento agradecida, incluso con las partes más duras de mi existencia, porque me forjaron. Aprendí a valorar cada centímetro de mi independencia y cada gota de la fuerza que fui encontrando dentro de mí. El viaje hacia mi bienestar no tiene un destino fijo; es un compromiso conmigo misma, una promesa de no rendirme, de seguir descubriendo quién soy y quién puedo llegar a ser.

Mi construcción no termina. Cada día trae desafíos y oportunidades, y aunque algunos sueños aún esperan, sé que en algún momento también me lanzaré a perseguirlos. Mientras tanto, vivo con gratitud y energía, disfrutando de cada pequeña victoria y, sobre todo, recordando que esta historia es mía… Eso, a estas alturas, es lo único que necesito para sentirme verdaderamente completa.

lauraayala.sobrehumano@gmail.com

Hoy, los problemas son desafíos. No son barreras para derrumbarme, sino pruebas para prepararme para el siguiente nivel, algo que he enseñado a mis hijos desde siempre. Tomo la vida con firmeza; ya no permito que me arrastre la corriente. Aunque me considero una persona justa, sé cómo poner cada cosa en su lugar, con empatía y claridad.

En su momento, tuve que capacitarme en mediación y negociación porque sentía que cada problema me halaba en direcciones opuestas, como si quisieran arrancarme en pedazos. Pero aprendí a armar el rompecabezas desde arriba, mirando todo con perspectiva. Aprendí a respetarme y a exigir respeto. Con la experiencia de los años, he ganado una manera más serena y creativa de enfrentar las cosas. Sigo siendo humana, claro, pero ahora la vida se ve desde una ventana más tranquila… y créeme… ¡Es mucho más entretenida!

lauraayala.sobrehumano@gmail.com

Capítulo 6: La Cruzada por Ayudar a Otros

Estaba sentada en el escritorio junto a la puerta de entrada de la primera oficina inmobiliaria donde trabajé, cuando toda una escena se desplegó ante mí, como si estuviera viendo una película. Laurita –le decíamos así por su pequeña estatura– había empezado en la oficina unos días después de mí. Ese día la oficina parecía más bien una fiesta; todos estaban distraídos, disfrutando de la ausencia del jefe.

Cuando Laurita se despidió, recorrió la oficina saludando, pero nadie le devolvió el saludo. Miró al otro lado y trató de hacer contacto de nuevo, pero la ignoraron otra vez. La tristeza se le dibujó en los ojos, como quien se siente invisible en un lugar donde espera ser valorado. Tan mal salió que casi ni me vio.

—*¿Ya te vas?* —le dije, y con un suspiro me contestó:

—*Sí...* —como si no existiera para nadie.

La miré y le dije:

—*Tenés los ojos tristes, ¿por qué no te sentás un ratito acá conmigo?* —Ella vino y se sentó junto a mí, con su rostro cabizbajo.

Empecé a animarla, como si le estuviera tendiendo una cuerda para salir de un pozo.

—*Laurita* —le dije mirándola con cariño —*Nadie es dueño de nuestra felicidad. Ningún jefe, ninguna oficina, ninguna mirada de aprobación. Si no estamos bien donde estamos, nadie nos tiene atadas. Tenemos derecho a cambiar de rumbo, a elegir otra vez.*

Ella asintió, aunque con un dejo de duda en los ojos.

—*Pero… ¿y si piensan que me estoy rindiendo?*

—*No, Laurita* —le dije con firmeza— *Esto no es rendirse; esto es saber lo que valés y buscar un lugar donde lo reconozcan. Porque si te quedás en un sitio donde no te ven, ese peso se va a hacer tan grande*

lauraayala.sobrehumano@gmail.com

que se lo vas a contagiar a tus hijos, a tu casa, a cada rincón de tu vida. ¿Querés eso?

Ella bajó la mirada, y noté que sus hombros, antes tan tensos, empezaban a relajarse un poco.

—*No, claro que no* —Respondió— *Solo quiero sentirme útil, valorada.*

—*Entonces, escúchame bien, Laurita*— le dije, acercándome un poco más. —*Si no te valoran aquí, girá el timón.*

Me miró como estudiando mis intenciones. ¿De verdad yo le estaba pidiendo que renunciara? Examinó mis ojos buscando entender lo que le decía.

—*No estás obligada a quedarte en un lugar que no te suma.* —Volví a decirle con énfasis— *Sé valiente y andá por lo mejor para vos y tu familia. Ellos se lo pierden, ¿entendés?*

Por un momento, su rostro se iluminó.

lauraayala.sobrehumano@gmail.com

—¿Sabés qué? —Me dijo— *Tenés razón. Me lo merezco y mis hijos también se merecen una mamá feliz.*

—*Exacto, eso es así*— le respondí, sonriendo. —*No te detengas a pensar en lo que no tiene importancia. Enfocate. Mirá para adelante y buscá con el corazón el lugar donde querés estar.*

Nos quedamos un momento en silencio, hasta que vi que su tristeza empezaba a disiparse, dando paso a una sonrisa, pequeña al principio, pero llena de fuerza después.

—*¿Estás mejor?* —le pregunté.

—*Sí… creo que sí* —respondió, y esa pequeña sonrisa se convirtió en esperanza en sus ojos.

Nos quedamos charlando un rato más, y cuando se fue, ya no era la misma. Sabía que se estaba yendo con una determinación nueva, lista para cambiar su vida. Estaba en la onda correcta para ir en busca de lo que se merecía. Poco después, Laurita dio el salto y

lauraayala.sobrehumano@gmail.com

cambió de oficina. Encontró un lugar donde se sentía realmente apreciada, sentía que su trabajo allí brillaba. Finalmente, su esfuerzo tenía el valor que merecía. Pasaron los meses, y verla florecer en ese nuevo entorno era un gusto. ¡Parecía otra persona! Con cada mensaje que me mandaba, notaba que estaba más segura, más alegre, como si la hubieran pintado con un brillo nuevo.

Seguimos en contacto, y hace poco nos encontramos a tomar un café y con una gran sonrisa me dio un regalo especial: una lapicera preciosa, que fue pensada especialmente para mí.

—*Es para vos* —me dijo —*para que firmes muchísimas ventas este año.*

Recibí su regalo con gratitud y con una sonrisa de oreja a oreja, pensando en el cambio increíble que había hecho en su vida. ¿Lo mejor de todo? Que tuve la suerte de ser parte de ese momento de empuje, para ayudarla a encontrar su fuerza.

lauraayala.sobrehumano@gmail.com

Es algo especial saber que podemos dar a alguien el impulso que necesita para levantar el vuelo. A veces, basta con una conversación, unas palabras de aliento en el momento adecuado, y uno ve cómo la persona que tenía el corazón a ras del suelo empieza a levantar la cabeza, a abrir las alas y a creer en sí misma.

Ser parte de ese proceso me llena de alegría, como si, de alguna manera, el triunfo de cada persona que se levanta fuera también el mío. Lo más fascinante de todo, es que con ese toque de energía que se comparte en esos momentos, nos impulsamos mutuamente a seguir adelante, sabiendo que nunca estamos solos en este vuelo de la vida.

Cada persona lleva sus propios sueños esperando a ser descubiertos. Y si nos damos la oportunidad, podemos ser instrumentos de la vida para ayudarles a encontrar el interruptor de sus corazones que nos permita accionarlo, para que empiecen a brillar.

Hace algunos meses, me pasó. Una conversación me sorprendió ayudando a una persona muy

lauraayala.sobrehumano@gmail.com

especial, a descubrir los sueños que estaban escondidos en el fondo de su corazón, solo esperando el momento adecuado para salir a la luz.

A principios de 2024 recibí una llamada para vender una propiedad. Fui a ver el lugar acompañada por una de mis agentes y el cliente. Nos recibió la prima de mi cliente, quien había heredado la propiedad y era ahora su dueña. Ella nos mostró el departamento, y desde el primer momento percibí una mezcla de emociones en ella: había ansiedad y un toque de enojo, que parecían esconder una tristeza más profunda.

A decir verdad, me habló con un tono un tanto duro para mi gusto, pero decidí no tomarlo personal. En lugar de eso, guardé silencio y me limité a observar, tratando de entender su lenguaje, no el de sus palabras, sino el que contaban sus gestos y su mirada.

Durante los días siguientes, comencé a preparar la propiedad para la venta, y los compradores interesados no tardaron en aparecer. Cada vez que

lauraayala.sobrehumano@gmail.com

alguien venía a visitar el departamento, ella abría la puerta y se quedaba a un lado, en silencio, como queriendo ser invisible. Sin embargo, no podía evitar notar cómo me miraba mientras mostraba el lugar, especialmente cuando hacía alguna broma para relajar a los compradores.

En un par de ocasiones vi cómo su seriedad se resquebrajaba y asomaba una sonrisa. Aquella sonrisa revelaba a una mujer mucho más amable y cálida de lo que había mostrado hasta entonces. Al verla reír, le pedí que participara contando algunas historias del edificio.

Al instante noté que se sentía cómoda, incluso disfrutando al compartir esos detalles. Aquella tarde nos fuimos de allí sintiendo algo distinto; era como si hubiera bajado un poco la guardia. Con el tiempo, el departamento empezó a recibir visitas más frecuentemente, y ella llegaba ya sonriente, sentándose a observar.

Un día, para mi sorpresa, empezó a conversar conmigo con genuina apertura. Hablábamos y nos

lauraayala.sobrehumano@gmail.com

reíamos como viejas amigas. Aquella joven de aspecto severo había empezado a dejar caer sus muros, mostrándome poco a poco quién era realmente. A decir verdad, me sentí agradecida por la oportunidad de conocerla en ese proceso, porque disfruto escuchar a las personas de manera sincera, ayudándolas en lo que puedo.

Pronto me di cuenta de que ella estaba en su propia "terapia intensiva emocional". Veía en su lucha interna a la joven que yo misma había sido. En una de esas charlas, me dijo con resignación:

—*No puedo, soy pobre…* —La escuché, y mientras contaba sus historias, descubrí que su autoestima estaba aplastada por creencias limitantes.

Era una pena, porque lo que yo veía en ella era algo completamente distinto: una mujer con un brillo especial, solidaria, comprometida y llena de potencial, aunque ella misma no lo pudiera ver todavía.

lauraayala.sobrehumano@gmail.com

Decidí hablar con su tía para asegurarme de no incomodarla con lo que deseaba decirle y para entender un poco más su historia. Y así, teniendo su contexto más claro, un día le dije:

—*¿Sabes? Los límites están solo en nuestra mente. Tú puedes lograr lo que desees si te lo propones.*

Entonces, le pregunté cuál era su sueño. Ella respondió sin dudar: quería, en este orden, alquilar una casa de veraneo para llevar de vacaciones a su familia, comprarse un auto usado y una casita cerca de su mamá.

Hoy, Belén es la manager de mi inmobiliaria. ¡Sí, así como lo oyes! Ya reservó la quinta para llevar de vacaciones a su familia, y aunque casi se compra el auto, prefirió esperar y seguir ahorrando para su casita soñada. Ahora está en ese proceso, mirando opciones, comparando, eligiendo… Y sí, a veces tengo que frenarla para que no se deje llevar por la ansiedad de comprar "lo primero que encuentre". Le digo:

—¡Espera un poco más, que para diciembre va a aparecer la casa perfecta, ya verás!

Estoy profundamente feliz de ver cómo ha crecido y de haber sido parte de su transformación. Al final, creo que, aunque sea solo un poco, pude ayudar a este ser humano maravilloso a reencontrarse con su potencial.

De eso se trata esta cruzada de la vida. Lo más grato del mundo, por lo menos para mí, es ayudar a los demás. ¿Alguna vez has sentido esa sensación al ver a alguien sonreír por algo que hiciste sin esperar nada a cambio? Yo sí, y es mágico.

En la vida hay mucho por compartir: la felicidad, una buena risa, unas palabras que toquen el alma. Esa es la verdadera riqueza: hacer el bien, sin mirar a quién. ¡Y lo mejor de todo es que, lo que das, se te regresa multiplicado! Como ese eco que retumba cuando gritas en el cañón... lo que lanzas vuelve más fuerte.

lauraayala.sobrehumano@gmail.com

Mi vida ha sido una serie de caminatas por las calles, recorridos por lugares lejanos, encuentros con gente diferente. Cada historia que me contaron, cada rostro que conocí, me dejó una lección. Y descubrí algo: me encanta el camino que elegí. Es diferente, sí, pero es mío. Vivo en paz, a pesar de las sombras de mi pasado, de las dificultades del presente y, claro, de esas pequeñas preocupaciones que siempre asoman al futuro, como esas moscas fastidiosas que nunca se van.

Agradezco cada paso, incluso los que me hicieron tropezar. Una vez me dijeron que todos tenemos un papel que jugar. Mis padres, mi entorno, me ayudaron a aprender lo que no quería para mi vida, y lo más importante, me enseñaron a qué cosas decir "sí" y a qué cosas decir "no". A veces, la vida te da las respuestas con una palmada en la cara, pero cuando las entiendes, es liberador.

Hay un mensaje central que quiero que tomes de toda esta historia, y es este: ¡Todo es posible! De verdad. Se puede transformar lo negativo en positivo, y si ya estás allí, en la línea del optimismo,

lauraayala.sobrehumano@gmail.com

puedes tomar eso y compartirlo para multiplicarlo. Al final, todo lo que das se expande, como una bola de nieve que va creciendo en el camino. Cada acto de bondad, por pequeño que sea, tiene el poder de cambiar vidas, comenzando por la tuya.

Me encantaría que se llene mi correo con historias de coraje, de fuerza, de valentía, te invito a conectar conmigo, dejare mi mail esperándote al final. Porque la vida, a veces, parece un rompecabezas incompleto, pero cuando aprendes a trascender las experiencias difíciles, es como si encontraras las piezas que faltaban. Y una vez que las encuentras, todo encaja y la vida empieza a tener más sentido. Es como tomar el timón de un barco y navegar con todas las herramientas que hemos adquirido. Yo lo he hecho, sé que tú también puedes.

He logrado integrar mi visión de vida con mi trabajo, mi negocio y mi propósito. Soy una solucionadora nata, de eso estoy totalmente convencida... Me encanta cuando me hacen parte de sus hogares, escuchar las historias de las personas, resolver problemas, buscando las estrategias adecuadas y

lauraayala.sobrehumano@gmail.com

ver cómo algo que parecía imposible se convierte en una solución.

Siento como una especie de super conexión con los clientes de mi inmobiliaria. En serio, lo que toco lo vendo. Siempre digo que, si lo toco, lo vendo. Y lo mejor es que no es un simple lema, ¡es un hecho! ¡Y sabrás ya por qué! Porque me especialice en todo dentro de los bienes raíces y sigo haciéndolo constantemente. Soy una gran estratega con el mayor porcentaje holístico.

Y sí, a estas alturas de mi gran camino transitado me siento mágica, ¡porque lo soy! Estoy fervientemente convencida y creo firmemente que Dios me pone en el camino de las personas que necesitan una leona como yo para sacar adelante sus propiedades, mi lealtad y mi sentido visionario para blindar y hacer crecer su patrimonio y sus inversiones. Mis ángeles me ayudan a hacer el trabajo, ¡y lo hago con gusto!

Mi inmobiliaria es más que una simple agencia, ¡es una boutique! Me gusta pensar en ella como algo hecho a la medida para cada cliente, que es único.

lauraayala.sobrehumano@gmail.com

Cada necesidad es diferente, por eso le doy un toque personal, como si estuviéramos diseñando un traje que se ajuste a la medida de cada quien. La clave está en esa atención especial, en esa dedicación que marca la diferencia, acompañada de un equipo de alto rendimiento con mucha vocación.

La solidaridad es mi brújula. Y la energía que me da esta visión abierta, este constante aprendizaje, me mantiene viva y llena de energía. Cuando comencé en este negocio, la imagen del inmobiliario estaba por los suelos ¡Un desastre! Pero me dije a mí misma: "¡Voy a cambiar eso!" Y debo reconocer que con el tiempo logré cambiar muchas percepciones con mi ejemplo. Cambié los pensamientos oscuros de muchas personas sobre este sector tan apasionante.

Lo primero que explico a las personas que elijo para que trabajen conmigo es que, en nuestra labor, las personas vienen antes que el dinero. No me malinterpretes, claro que trabajamos para vivir, y para obtener ganancias, pero cuando te enfocas en

lauraayala.sobrehumano@gmail.com

ayudar a los demás, la parte del dinero es una consecuencia.

Les enseño a mis colaboradores desde el día uno, que no se trata de correr tras un número, sino de entender el verdadero significado de ayudar y solucionar. Al hacerlo, mejoramos nosotros como personas, vibramos diferente. Cada día es una nueva oportunidad para aprender, crecer y ayudar más. Y te lo puedo asegurar: las personas nos devuelven más de lo que les damos. Es increíble, casi como magia.

Esos momentos de acierto, de saber que algo salió bien, son los más reconfortantes. Porque, sí, sabes que es un logro profesional, pero más que eso es un beneficio humano. Saber que hemos hecho algo positivo, algo que cambió la vida de alguien, es lo que hace que todo el esfuerzo valga la pena. Y es en esos momentos cuando la vida se siente más plena, más rica, más vibrante. Porque ayudar a otros les cambia a ellos, ¡pero también nos cambia a nosotros!

lauraayala.sobrehumano@gmail.com

Nunca me he sentido abrumada al ayudar a otros; de hecho, lo hago porque es mi vocación. Es algo apasionante para mí. Pero, debo admitir, hay momentos en los que me he sentido decepcionada, cuando la falta de compromiso de las personas me llega a afectar más de lo que quisiera.

Muchas veces, se acercan personas a pedirme trabajo. Algunos lo hacen porque querían conocer el negocio, otros porque me ven como una referencia, ¡y otros seguramente pensaran que es soplar y hacer botellas y que todo va bien solo porque sí!

A lo largo del camino, a muchas les di una oportunidad. Y ojo, no hablo de darles un lugar en la empresa como si fuera algo trivial. Esas oportunidades venían acompañadas de tiempo, de esfuerzo, de energía que estaba dispuesta a compartir. Pero con el tiempo, aprendí algo fundamental: no todos están listos para aprovechar esas oportunidades, y ese es el momento de poner en práctica la palabra clave: selección. Son los momentos en los pregunto: *"¿De verdad crees que solo mirando el mar vas a llegar al otro lado?"*

lauraayala.sobrehumano@gmail.com

Y aunque me gusta pensar que soy rápida para captar las lecciones, hay momentos en que dejo que las cosas sucedan una vez más solo para darme cuenta de lo que me estaba enseñando. La palabra clave aquí, para encontrar la paz, es "comprender". Es decir, entender a los demás, y también a mí misma. Es lo que me mantiene tranquila, en armonía, en calma y despejada.

Lo más importante que he entendido en este viaje, lo que realmente me ha cambiado, es que no puedes ayudar a quien no lo pide. Es como intentar ofrecerle agua a alguien que no tiene sed. En algún punto, tuve que aceptar que la ayuda, por más bien intencionada que sea, solo tiene valor cuando la otra persona está dispuesta a recibirla. Y eso, por raro que parezca, es un acto de respeto. Porque al final, lo único que podemos ofrecer de verdad es nuestro corazón. Pero solo quien lo busca puede encontrarlo.

Conocí a una mujer increíblemente fuerte, nacida en 1934, cuyo carácter era sólido, y tan resiliente que parecía haber sido forjada a prueba de tormentas. Esta mujer, una ferviente lectora, tenía una relación especial con la Biblia, ¡La había leído tres veces! Entre tantas otras obras, era como si cada página de su vida fuera un capítulo de una novela que se tejía entre la historia de Italia, la guerra y su viaje hacia la Argentina.

Había nacido en un pequeño pueblo italiano, cerca de la frontera con Francia, pero después de la Segunda Guerra Mundial, sus padres decidieron huir, buscando una nueva oportunidad en América del Sur. Viajó con ellos y su hermanito en un barco, buscando una vida mejor, pero sin garantías de ningún tipo.

En su juventud, esta mujer fue una pionera en su carrera, convirtiéndose en una de las primeras bioquímicas, altamente calificada, gerente de Bayer Argentina, y también vivió una historia de amor que pronto se tornó amarga. Se casó con un hombre que, con el tiempo, demostraría ser un alcohólico y un maltratador.

lauraayala.sobrehumano@gmail.com

Sin embargo, ella, tan firme como siempre, abrazó a sus dos hijos varones y se marchó con ellos, dejando atrás un hogar que ya no era un refugio, ni de amor ni de seguridad. Se separó joven, pero, a pesar de todo, jamás rehízo su vida. El qué dirán y más tarde, la voz de sus hijos que "no lo permitirían", se convirtieron en barreras invisibles para ella. Años más tarde, se graduó como bioquímica, porque, en su mundo, los estudios y el trabajo eran la única constante confiable.

Cuando la conocí, ella vivía para sus hijos, quienes, a sus casi 50 años cada uno, parecían haber olvidado cómo dar sin pedir algo a cambio. No era raro que llegaran, le pidieran dinero, favores, e incluso el alma misma, y luego se fueran sin darle a cambio lo que ella necesitaba. pero ¿quién era yo para decir algo?

Ellos se iban, sin entender que a los 77 años ella no solo quería ser un refugio, sino también recibir cariño, sonrisas y compañía. Ahí estaba yo, en su rincón, ofreciendo lo que más podía: mi tiempo. Nos juntábamos para tomar té, y en esas tardes, ella me

lauraayala.sobrehumano@gmail.com

contaba historias de las que a veces me costaba creer. La guerra, los sacrificios, y la melancolía que aún impregnaba sus recuerdos. Era una mujer que parecía desafiar el tiempo, con una mente tan brillante que no me sorprendía que manejara el WhatsApp y el correo electrónico mejor que muchos de los que se llaman "digitalmente nativos".

Su agilidad mental era admirable. Siempre me decía que soñaba con regresar a los Alpes, a la casa de su padre en Italia, y revivir esos días olvidados con su prima, a quien siempre recordaba con cariño y con quien se escribía cartas a pesar de la distancia. Y yo, como la amiga entusiasta que soy, le decía:

—*¡Tienes que hacerlo! ¡Vamos, viaja, vive!* —Le daba mil razones para no seguir postergando ese sueño, pero sus años le habían dejado las cicatrices de la vida y de la duda. Yo, sin embargo, no me rendía.

Nunca olvidaré cómo, en medio de esos momentos tranquilos, yo le hablaba de la magia de vivir sin esperar a que el futuro llegara para nosotros. Y a

lauraayala.sobrehumano@gmail.com

veces, ella me miraba y me sonreía. Un día, en un momento crucial de esa amistad tan especial, me confesó que había decidido viajar. ¡Me sentí como una niña pequeña a punto de recibir su regalo de Navidad! ¡Finalmente Logré hacerla liberar esa fuerza interna que había estado guardada tanto tiempo!

—*Habla con tu prima*, —le decía, casi saltando de felicidad, y ella, con su risa suave, me respondía:

—*Despacio, despacio, que tengo que pensarlo bien.*

Pero esa risa era todo un avance. Después de tantos años de dureza, su corazón comenzaba a abrirse nuevamente. En menos de lo que me imaginaba, ya estaba planeando el viaje con su prima, aunque la idea de un trayecto tan largo la fatigaba un poco. Decidieron que se iría en enero, porque el clima en invierno le resultaba más agradable. Yo, por supuesto, le sugerí que pasara las fiestas decembrinas allá, pero ella insistió en esperar.

—*Es mejor así*, —dijo con calma en su mirada.

lauraayala.sobrehumano@gmail.com

No lo entendía, pero acepté. Estábamos en septiembre, y ya me imaginaba sus risas y paseos por los Alpes, caminando junto a su prima por esos senderos que tanto había soñado.

Sin embargo, algo inesperado sucedió. Un día antes de la Navidad de ese mismo año, Severina falleció. Y aunque la tristeza me invadió, también entendí algo profundamente importante: a veces, el tiempo no nos da todo lo que queremos, pero lo que sí podemos hacer es ofrecer lo mejor de nosotros. Tal vez, eso es lo que realmente importa.

Ayudar a otros no siempre significa que veremos el cambio de inmediato, pero podemos sembrar esas pequeñas semillas de alegría, de luz y de amor en el camino de los demás, como paso con Severina. A pesar de no lograr su meta, sus últimos días estuvieron llenos de alegría, paz y esperanza. Soñando con volver a la casa de sus padres en esos maravillosos Alpes Italianos. Pero finalmente, se marchó a un sitio mejor.

lauraayala.sobrehumano@gmail.com

Creo que es fundamental compartir nuestras historias. A menudo, pensamos que lo que nos pasa es el fin del mundo, la peor tragedia humana, o que simplemente no es relevante, así que decidimos minimizarlo. Nos convencemos de que nuestra vivencia no tiene impacto, pero ¿te has fijado en lo que sucede cuando realmente escuchamos las historias de los demás?

Es como si de repente el universo nos dijera: *"¡Oye, todo está bien! Y sí, tu historia importa"*. Nos damos cuenta de que eso que pensábamos que era el colmo, que habíamos vivido el fin de la humanidad, no era nada comparado con lo que otros han vivido. Y ahí, en ese preciso momento, nuestra perspectiva cambia. Nos damos cuenta de lo importante que es dejar ir al pasado. Si no lo hacemos, permanecemos atrapados en un cuarto lleno de cosas viejas, sin poder abrir las ventanas para que entre aire fresco.

Ayudar a los demás, simplemente contando lo que nos pasó, puede abrir ventanas en habitaciones cerradas y atiborradas. Una historia, tan simple como suena, puede sanar a alguien, hacer que se dé

lauraayala.sobrehumano@gmail.com

cuenta que no está solo, y en algunos casos, incluso puede cambiar su vida.

Lo fundamental, lo que realmente importa, es encontrar nuestro propósito. Esa es la brújula que nos guía, porque si no sabemos a dónde vamos, es fácil terminar dando vueltas en círculos. Fijar metas y objetivos es como tener una hoja de ruta en un viaje largo y misterioso. Lo curioso es que, a menudo, escuchar a los demás, nos da ese impulso para seguir adelante. Es como si, en medio de nuestro caos, la experiencia de otro fuera una linterna que alumbra nuestra oscuridad. A veces, una sola palabra o una pequeña reflexión de alguien puede ser el empujón que necesitamos para levantarnos del suelo y decir: *"¡Yo puedo hacerlo!"*.

Tu experiencia puede ser la brújula de alguien más. A veces, ayudar a otra persona te puede parecer una tarea titánica, algo solamente digno de héroes épicos. Pero la verdad es que no es tan complicado como parece. No necesitas una capa ni un súper poder, solo necesitas ser tú. Contar lo que viviste, cómo lo sobrellevaste, las lágrimas, las risas, las caídas y las levantadas, eso ya es suficiente.

Ser valiente es tan simple como abrir el corazón y decir: *"Esto es lo que viví, y este soy yo"*. Y entonces, algo increíble sucede: las personas que te escuchan, sin que lo veas venir, empiezan a sanar. Momentos enterrados en lo más profundo de su ser se empiezan a remover, como si tu historia fuera una llave que abre una puerta cerrada desde hace años.

Lo que antes les dolía, lo que pensaban que jamás podrían superar, empieza a aflojarse y a salir a la superficie, y en su lugar, llega la paz. Sanar, en su esencia, es sentirse liviano, como si el peso de las cargas se deshiciera.

Sanar y ser libre es encontrar un lugar donde la esperanza florece nuevamente, un rincón tranquilo dentro de uno mismo. Pero lo más hermoso de todo es que ese estado de paz, de reconciliación con nuestra historia, nos regala algo invaluable: la dicha. Porque cuando sanamos, no solo recuperamos la paz interior, sino que descubrimos una versión más

lauraayala.sobrehumano@gmail.com

alegre de nosotros mismos, que nos impulsa a avanzar y a lograr mejores cosas. Ser parte de eso en la vida de otra persona, es fascinante.

Tengo Facebook, pero soy una visitante ocasional de esa plataforma. Solo entro cuando me pongo nostálgica y quiero encontrar a alguna persona perdida en el tiempo. Hace unos años, navegando en esa red social, me encontré con algunos mensajes, entre ellos uno de Cintia, una persona con un apellido larguísimo y casi impronunciable, a la que no recordaba.

"Cintia... Cintia...", repetía en mi cabeza, mientras mi mente hacía malabares intentando recordar quién era. Y aunque me esforzaba, nada, no lo conseguía. Pero decidí leer el mensaje. Y ahí fue cuando mi mandíbula casi tocó el suelo. Lo que leí me dejó sin palabras. Las palabras de Cintia decían:

"Hace 25 años que te busco para agradecerte. Siempre te recordé con cariño, pero nunca pude encontrarte. Me atrevo a escribirle a todos los contactos que podrían tener tu nombre y apellido...

Ojalá seas tú. Gracias a la fortaleza que me diste, ahora soy gerente de la empresa X. Ojalá seas tú..."

Me quedé petrificada, como si hubiera visto un fantasma. ¡Claro que recordaba ahora quien era ella! ¡Guao Cintia! ¡25 años buscando! No podía creerlo. No sabía si reír o llorar. A los 20 años, sin darme cuenta, había tocado la vida de aquella jovencita de una manera tan profunda que ahora, tantos años después, me agradecía.

Esas palabras hicieron que mi corazón latiera más fuerte, con una mezcla de emoción y sorpresa. Yo siempre había dado lo mejor de mí sin esperar nada a cambio, pero leer ese mensaje... fue como recibir un abrazo desde el pasado directo al presente. Fue el tipo de agradecimiento que no se espera, pero que se guarda en lo más profundo del alma.

En otra ocasión, me convocaron para vender una propiedad. Cuando llegué a la casa, lo primero que me vino a la mente fue: *"Esto es... magia pura"*. Era tan perfecta, tan impecable, que me sentí como si estuviera caminando dentro de un museo. Cada rincón era un testimonio de belleza, orden y cuidado. Me sentí como un visitante en una exposición, casi temerosa de acercarme demasiado, como si un mal movimiento pudiera arruinar la armonía de ese lugar.

Recuerdo que cuando entré a la sala, se me escapó en voz baja una expresión susurrante de sorpresa:

—*¡Qué hermosos!* —Eran unos sillones verdes, al estilo Luis XV, ¡sobrios!

En ese momento, mi mente daba vueltas a todo lo que había estudiado sobre historia del arte y la arquitectura. Estaba en el corazón de lo que había aprendido, lo que había visto en los museos europeos y leído en libros de historia mientras estudiaba.

Finalmente, vendí la propiedad y, como siempre, las despedidas estuvieron llenas de sonrisas y buenos deseos. Pero cuando me estaba yendo, el vendedor me sorprendió con una pregunta.

—*¿Me das tu dirección?*

lauraayala.sobrehumano@gmail.com

Mi rostro probablemente reflejó confusión y, por qué no decirlo, un poco de desconfianza. Pensé para mis adentros: *"¿Qué me quiere decir este hombre? ¿Qué será esto?"*. Pero, con una sonrisa, él añadió:

—*No te asustes, no es para mí. Es para enviarte los sillones verdes que viste el primer día cuando entraste a mi casa.*

¡¿Qué?! Estaba en shock. El hombre me había escuchado suspirar, y sabía que yo apreciaba cada detalle de la casa. Como si el destino se hubiera alineado, él y su esposa se habían prometido regalarme esos sillones cuando yo vendiera la propiedad. ¡Una maravillosa sorpresa que jamás olvidare!

A lo largo de mi carrera, he recibido innumerables regalos y muestras de gratitud de clientes. Si intentara hacer una lista, seguro que me olvidaría de alguien, y no quiero arriesgarme a perderme esa magia. Porque la mayoría de las veces, lo que uno da, no se queda en el aire; tiene una forma

lauraayala.sobrehumano@gmail.com

misteriosa de regresar. La vida tiene esa manera especial de recompensar la generosidad, no de manera directa, sino en sorpresas que nos llegan cuando menos lo esperamos.

Ayudar a los demás no siempre es un acto consciente o calculado, pero siempre deja una huella, incluso cuando no nos damos cuenta de la magnitud de nuestro impacto. Muchas veces, son esos pequeños gestos de apoyo, esas palabras de aliento, las que marcan la diferencia en la vida de alguien.

La verdadera recompensa de ayudar no es material, sino emocional: ver cómo, con el tiempo, esas semillas de bondad florecen en lo que se convierten las personas. Lo que me ha enseñado cada historia como la de Cintia, o mi cliente de los sillones, es que dar sin esperar nada a cambio genera una energía tan poderosa que nos conecta a todos, aunque no siempre lo sepamos. Siempre fui una persona muy solidaria. Lo recuerdo claramente desde la escuela. Cuando terminaba primera las pruebas y mis compañeras me decían:

—*¡No entregues aún! Déjanos copiarnos, ¡por favor!*
—Y yo, con una sonrisa pícara, les decía:

—*¡Si las ayudo ahora, tendré que hacerme cargo de toda la clase después!* —Pero al final, terminábamos todos con las mismas respuestas. ¡Qué tiempos aquellos, en los que el acto de ayudar a los demás era tan natural como respirar!

Ayudo porque siempre me han ayudado personas que ni siquiera conocía, personas que aparecieron en mi vida solo por un momento y que, aunque nunca más las volví a ver, dejaron huella. Esas pequeñas intervenciones generosas me enseñaron que ser solidario es parte de ser bueno, respetuoso y tener verdadero interés por el prójimo.

Ayudo porque entendí que cuando te extienden una mano, todo es más fácil. Incluso las situaciones que parecen terribles se vuelven más llevaderas con una palabra amable, un abrazo sincero o simplemente un reconocimiento. No me guardo nada. Y es que, cuando sabes lo que significa recibir ayuda, no

lauraayala.sobrehumano@gmail.com

puedes hacer otra cosa que compartir lo que tienes, aunque sea solo una sonrisa.

Escribiendo este libro, me vino a la mente una anécdota que nunca olvidaré. Recordé lo mal que siempre me llevé con el análisis matemático en la adultez. Imagínate, después de más de 20 años de haber dejado la escuela, retomar algo tan cercano al álgebra me parecía una montaña rusa de emociones. ¡Y vaya que fue difícil! Hubo momentos en que creí que nunca podría entenderlo, que nunca sería capaz de dominar ese mar de números y fórmulas.

Esa materia casi frustra mis deseos de progresar. Me sentí atrapada en una madeja de dudas y desesperación, pensando que nunca lograría pasar a la universidad. Esas cosas que no nos damos cuenta hasta que estamos en medio del huracán... Pero entonces, ahí estaba él, mi amigo Jorge Schulday, le llamo "Schul", por su apellido abreviado, porque su presencia siempre fue una constante en mi vida, tan firme y serena como un refugio en medio de la tormenta.

lauraayala.sobrehumano@gmail.com

Le debo tanto. Fue gracias a él que no tiré la toalla, que no me rendí. Y, aunque siempre le agradecí con abrazos, sonrisas y cariño sincero cada vez que nos cruzábamos, nunca le dije directamente cuánto había significado su amistad para mí. Este libro, de alguna manera, se convirtió en un espacio para pensar en esas palabras que nunca pude decir. Así que me senté a escribirle un largo mensaje de WhatsApp, contándole todo lo que nunca me atreví a expresar en voz alta:

"Schul, tú fuiste una pieza clave para que yo pudiera estar donde estoy ahora. Con tus días y noches de paciencia, enseñándome a una velocidad impresionante, impulsándome a seguir adelante, confiando en mí cuando ni yo misma lo hacía. Me regalaste tu conocimiento, tu tiempo, tus horas y, lo más valioso, tu amistad desinteresada."

Aquel día, el recuerdo de aquel momento, el día del examen, me inundó. Él me acompañó en todo el proceso, dándome todo su apoyo, pero no pudo quedarse para verme salir, exhausta, pero con el

lauraayala.sobrehumano@gmail.com

alma ganadora. Aprobé la materia, y por ende, la carrera. Y cuando se lo conté, él se puso tan feliz. Y yo, finalmente, pude decirle lo que siempre le debí:

"Gracias, por estar allí, por no rendirte conmigo y por darme todo lo que tenías sin esperar nada a cambio. ¡Eres una parte fundamental de este logro!"

Lo que no sabía era que, en ese momento, él también necesitaba escuchar esas palabras. Él no estaba pasando por buenos momentos, pero solo Dios sabe por qué. Y cuando le dije todo esto, me respondió con una sonrisa y me dijo:

—*Laura, eso fue como una caricia al corazón.*

Y en ese instante entendí algo muy profundo: ayudar a otros no solo cambia la vida de quienes reciben la ayuda, sino también la de quienes la brindan.

lauraayala.sobrehumano@gmail.com

Capítulo 7: El Legado para Mis Hijos

Cuando mi hija Fiamma cayó gravemente enferma, debido a una enfermedad altamente contagiosa que no existía hasta el momento en mi país, y mucho menos la vacuna, el miedo a perderla era mi constante preocupación, era una sombra constante que se metía en cada rincón de mi vida. Todo lo demás desapareció de inmediato.

De repente, mi única misión en la vida era su bienestar, el motor que impulsaba cada uno de mis pasos, por más cansados que fueran. Aquella tormenta inesperada me retó a redefinir qué significa realmente ser madre.

En medio de mi fragilidad, encontré una fuerza renovada. Cada día me recordaba lo afortunada que era de tener a mis hijos, y que mi trabajo como madre era protegerlos, no por miedo, sino por amor. En esa incertidumbre, entendí que ellos eran mi mayor responsabilidad, y mi mayor legado. Ellos eran el por

lauraayala.sobrehumano@gmail.com

qué me levantaba cada mañana, el combustible que mantenía mi fuego encendido.

La gripe A comenzó como una simple fiebre, pero rápidamente se convirtió en una batalla épica entre la vida y la muerte. El margen de error era tan pequeño, que me sentía vulnerable, pero no derrotada. Sabía que debía seguir luchando por ella, y también por todos nosotros.

Tenía 35 años, pero esos días oscuros me envejecieron de golpe, como si cada segundo me hubiera arrebatado una década. Pero curiosamente, a pesar de que mi cabello comenzó a llenarse de canas, yo me sentía más fuerte que nunca. Corría de un lado a otro por el hospital, sin descanso, como si mis pasos pudieran hacer que el peligro se alejara. Cada movimiento era una declaración: *"No la voy a dejar ir"*.

La sangre no debía coagularse, y si lo hacía, las enfermeras tendrían que volver a pincharla. Cada vez que veía esas agujas acercarse al cuerpecito de mi hija, sentía que mi propio corazón se rompía en

lauraayala.sobrehumano@gmail.com

mil pedazos. Pero, ¿qué más podía hacer aparte de aferrarme a la esperanza con cada fibra de mi ser?

Las pruebas eran necesarias, sí, pero el frío de ese hospital público en pleno junio... eso sí que era una tortura. No había mantas suficientes, ni abrigo que cubriera tanto dolor. Entonces, me armaba de lo que fuera, incluso de mis propias ropas, y envolvía a mi hija como si al cubrirla con mi propio cuerpo pudiera salvarla. Como si mi amor, mi fe y hasta mi energía pudieran ser una barrera contra la oscuridad. Solo el tiempo diría si mi esfuerzo sería suficiente.

Mientras tanto, mis otros pequeños estaban en manos de las madres del colegio. Un alivio, claro, pero mi corazón no estaba completo. No podía estar con ellos, no podía abrazarlos ni explicarles lo que estaba pasando. Solo cuando la chica que me ayudaba en casa regresó de su viaje y pude reunir a todos bajo un mismo techo, sentí un pequeño respiro. Aunque, en el fondo, sabía que la verdadera batalla estaba en la habitación de mi hija.

lauraayala.sobrehumano@gmail.com

Pero a pesar del miedo, la incertidumbre y ese dolor que casi no podía soportar, algo en mí se mantenía firme, imparable. Dios me escuchaba. Lo sentía en cada suspiro, en cada oración. Sabía que no me dejaría sola, que no dejaría que mi pequeña se fuera tan pronto. Me convertí en una guerrera. A veces solo basta con esa fe, con ese instinto de madre que te dice que no hay nada que no puedas enfrentar.

Y cuando, finalmente, después de semanas de incertidumbre, vi una pequeña mejora en su salud, entendí algo muy claro: Mi hija había ganado una segunda oportunidad. Y yo también. Porque cuando ves a tu hija al borde de la muerte, te das cuenta de lo frágil que es la vida y de lo fuerte que puedes llegar a ser. Dios me dio todo lo que necesitaba para salir de esa oscuridad. Fui fuerte, estuve presente y, con cada pedazo de mi ser, luché por devolverle la vida que merecía. Esa experiencia, que parecía una condena, me transformó, me dio poder. En el lugar más oscuro, encontré mi luz.

La experiencia de enfrentar la enfermedad de mi hija me dio una lección que vale más que cualquier título:

lauraayala.sobrehumano@gmail.com

mi amor no es solo un escudo para proteger a mis hijos de las tormentas de la vida. ¡Es un superpoder! Una fuerza capaz de transformar, motivar y, sobre todo, de impulsar a mis hijos a ser las personas fuertes y resilientes que están destinados a ser.

Claro, los momentos de angustia no fueron fáciles, pero decidí no dejar que nos consumieran. En lugar de solo ofrecerles un refugio seguro, entendí que mi amor debía darles alas, enseñarles que la vulnerabilidad no es debilidad, sino la base para una fortaleza imparable. Al compartir mis miedos con ellos, les demostré que el amor no se trata solamente de proteger, sino de ser valientes, mirar a los ojos los desafíos y no darles la espalda. Les enseñé que caerse es solo el primer paso para levantarse con más ganas, y que en los días más oscuros siempre hay algo hermoso por descubrir.

Esta batalla se convirtió en el cimiento de un legado. No quiero que mis hijos solo recuerden que los cuidé; quiero que aprendan que el amor es un motor de transformación. Si conseguía empoderarlos con esa visión, podía confiar que enfrentarían sus

lauraayala.sobrehumano@gmail.com

propias batallas con la certeza de que el amor los sostendría y les daría la fuerza para florecer en cualquier circunstancia.

Los hijos crecen y empiezan a construir sus propias vidas. Y aunque, de alguna manera, me siento como si estuviera observando todo desde una distancia de película —*¿quizás una comedia dramática?* —, el tiempo sigue su marcha, imparable y un tanto impredecible. Ellos se sumergen en sus ocupaciones, persiguen sus sueños y luchan por trazar su camino. Un día pasa, luego una semana, y antes de darme cuenta, percibo algo curioso: si no soy yo quien se toma la molestia de escribirles, nadie se detiene a preguntarme si estoy bien, si respiro o si aún encuentro momentos para disfrutar de una taza de café tranquila. Y vaya, ¡esa es una revelación que no llega con un abrazo!

Pero, ¿qué significa todo esto? ¿Quién soy en este nuevo capítulo de la historia? ¿Qué quiero hacer con el resto de mi vida? Si me paro a pensar en esto, me encuentro rodeada de preguntas y una sensación de

lauraayala.sobrehumano@gmail.com

mariposas en el estómago. La maternidad no desaparece, pero... ¿y mi vida fuera de ser madre?

En medio de mis dudas, mi hija, aún adolescente, se erige como la única certeza. La pequeña que sigue necesitando mi apoyo, esa misma que no hace mucho me pedía ayuda para atarse los zapatos y que ahora lucha por sus propios sueños. Ah, el peso del tiempo... y también su belleza. Las risas, los recuerdos, el amor incondicional que les he dado a lo largo de los años, todo eso se mezcla con un feroz anhelo por mi propio futuro. Un futuro en el que yo también quiero ser protagonista.

Porque, sí, ya no quiero ser solo la madre que cuida y mantiene el barco a flote. Quiero redescubrirme, encontrar lo que me hace vibrar, lo que enciende mi esperanza, lo que realmente me hace feliz. Quiero dejar que ellos se lancen al mundo, pero con la tranquilidad de que, si me necesitan, yo estaré lista para aportar todo lo que soy... y, sobre todo, lo que aún quiero llegar a ser.

lauraayala.sobrehumano@gmail.com

Al pensarlo bien, me doy cuenta de que es hora de mirarme en el espejo y saludar a la mujer fuerte y apasionada que sigue aquí. La misma que tiene mucho por ofrecer, que está lista para sumergirse en nuevas aventuras, sin importar lo que me depare el camino. Y si me caigo, que se escuche bien alto, el grito: *"De nuevo, ¡otra vez!"*

Mis hijos *saben* en lo más profundo de su ser que soy una persona que los ama profundamente. ¡Claro que lo saben! Ellos son la esencia de mi transformación, la llama que enciende cada uno de mis pasos. ¡Estar con ellos es mi felicidad más pura!

Desde que llegaron a mi vida, mi corazón rebosó de amor, y su felicidad se convirtió en mi gasolina diaria. Cada vez que los miro, una alegría indescriptible me invade. En serio, cuando entran por la puerta, mi casa se ilumina, y mis días también.

Ellos saben que los amo con todo lo que soy. Mi amor por ellos no tiene límites, aunque, claro, hay momentos en los que no siempre entienden por qué

lauraayala.sobrehumano@gmail.com

hago lo que hago o por qué guardo algunos silencios.

Lo que no siempre comprenden es que, en mi intento de no repetir las cicatrices de mi propia infancia, me transformé de alguna manera. La necesidad de protegerlos del dolor me llevó a ocultar algunas de mis luchas internas. Y aunque siempre traté de ser la madre perfecta (sí, ya sé, no soy perfecta), me di cuenta de que me olvidé de algo muy importante: también soy humana.

A veces me preguntaba por qué tenía que enfrentar sola algunas batallas. Pero hoy, me doy cuenta de que esa soledad, esa sensación de estar luchando en silencio, es parte de lo que me ha convertido en quien soy. Y está bien. Porque cada paso que di, cada pequeña piedra en mi camino, fue un ladrillo más en la construcción de la persona que soy hoy. Mi viaje de transformación es constante, y todo lo vivido, bueno y no tan bueno, me ha preparado para ser su madre y también la guía que necesitaban.

lauraayala.sobrehumano@gmail.com

Siempre quise que mis hijos fueran auténticos, que se abrazaran tal como son, sin miedo. Y, claro, me aseguré de dar el ejemplo. Hoy, miro hacia atrás y me siento orgullosa de verlos caminar con firmeza por la vida, cada uno en su propio camino, pero todos con esa esencia que los hace especiales. Mi hija menor, con solo 13 años, es una mente brillante a su corta edad, siempre a mi lado, mientras que mis otros hijos, con 27, 23 y 21 años, ya están creando sus propias historias.

Lo que me impulsa a seguir evolucionando día tras día es la idea de que, cuando ellos miren atrás, no verán solo a la madre que luchó en silencio, sino a esa mujer que, a pesar de las caídas, se levantó, transformó su vida, y siguió adelante con una fuerza que ni ella misma sabía que tenía. Quiero que al mirar mi camino encuentren inspiración para caminar el suyo.

Hace poco alguien me preguntó: *"¿Cómo te sientes ahora que tus hijos son adultos y la menor todavía es una adolescente?"* Y esa pregunta hizo que mi corazón diera un par de saltos. Fue como una ola de

lauraayala.sobrehumano@gmail.com

recuerdos y emociones que me invitó a reflexionar sobre todo lo que hemos vivido juntos. A veces, las preguntas más simples son las que nos llevan a los recuerdos más profundos.

Cada paso que doy me sorprende. Mi visión de ser madre ha cambiado mucho con el tiempo. Lo que antes me parecía un enigma lleno de expectativas, hoy lo veo como algo simple y hermoso, tan profundo como las raíces de un árbol que, con el tiempo, se afianzan en la tierra y nos sostienen.

En mis años de lucha, pensaba que debía ser esa figura infalible, la que siempre tiene la respuesta perfecta. Pero hoy, con la sabiduría que solo el tiempo y unas cuantas caídas pueden otorgar, me doy cuenta de que lo que realmente importa es ser para ellos... su madre, tal cual, sin pretensiones.

A primera vista, ser madre puede parecer algo tan cotidiano, casi imperceptible, como la brisa que pasa desapercibida pero siempre está ahí. Pero después de una segunda mirada, más profunda y con una dosis de reflexión sobre mi propia experiencia

lauraayala.sobrehumano@gmail.com

materna, el concepto de ser madre se eleva a un nivel poderoso, casi mágico.

Para mí, ser madre es un regalo que se abre con cada día. Un viaje de transformación donde, en cada paso, descubro una nueva faceta de mí misma y de ellos. Es ser la semilla de sus vidas, la que alberga ese embrión único que con el tiempo dará vida a seres humanos completos y complejos.

Cada uno de mis hijos es un lazo de sangre, y también un pedazo de mi alma. Son reflejos de mis sueños, mis luchas y mis esperanzas. Ser madre es ser la fuerza que maximiza cada oportunidad, cada lección, cada alegría que entra en contacto con mi vida.

Es abrazar mi poder para influir en sus vidas, para nutrir sus corazones y guiarlos en su crecimiento. Cada caricia, cada palabra que les devuelvo con cariño, y hasta esos sacrificios que nadie ve, son la tierra fértil donde sus raíces podrán crecer, extenderse y llegar a donde no imaginan. Y esa es, sin duda, la mayor bendición que puedo darles.

lauraayala.sobrehumano@gmail.com

Ser madre es ser la roca. El pilar que sostiene todo lo que ellos son y todo lo que aún tienen por ser. A medida que crecen mi papel cambia, pero no porque me haga menos importante, sino porque la maternidad se reinventa como un buen guion que se adapta a cada escena. Ya no soy la guardiana que todo lo prevé, sino la animadora en la primera fila, que celebra cada paso, cada intento, cada caída, sabiendo que todo es parte del viaje.

Cada día elijo ser madre con todo lo que eso implica: con ternura cuando es necesario, con firmeza cuando el momento lo exige y sobre todo, con la certeza de que todo lo que les he dado, ya sea amor o esas lecciones de vida disfrazadas de regaños, florecerá en ellos. Lo que siembro hoy lo veré crecer mañana, y ellos serán los que transmitan todo eso al mundo.

Ser madre, al final, es dejar una huella que nadie podrá borrar. Es una marca indeleble en el tiempo y ese es un honor que llevo con orgullo y una sonrisa. Cuando me preguntan cómo me siento ahora que ya

lauraayala.sobrehumano@gmail.com

no son unos niños mi respuesta es clara: quiero ser más que un referente. Quiero ser la madre en su máxima expresión: la que ríe, la que enseña, la que llora, pero sobre todo, la que nunca se rinde.

Sueño con que cada vez que pronuncien mi nombre, junto a la palabra "mamá", lo hagan con una sonrisa, recordando no solo los sacrificios, sino todas esas risas compartidas, las enseñanzas que se dieron entre abrazos y el amor que nos unió desde siempre. Quiero que cada vez que me llamen "mamá", ese instante se sienta tan eterno como nuestra conexión, como si el tiempo se parara solo para agradecer lo vivido.

No busco ser perfecta; busco ser la mama que siempre estuvo ahí, en las buenas y en las malas, que dio todo, que se equivocó, pero que nunca dejó de intentarlo. Y cuando siento el amor de mis hijos en esa mirada sincera, como madre, en toda la plenitud de su significado, ahí es donde encuentro mi paz. Es un amor que no tiene fin, y que crece cada vez más mientras seguimos caminando juntos de la mano, con fuerzas renovadas hacia lo que vendrá.

lauraayala.sobrehumano@gmail.com

Soy su madre y no importa lo que pase ni a dónde los lleve la vida; siempre estaré ahí, a su lado, como una fuerza imparable. Desde el momento en que le pedí a Dios me los enviara, supe que mi corazón ya había hecho su elección. El amor que sentí al tener sus pequeñas caritas entre mis brazos fue un regalo divino tan inmenso que no se puede medir con palabras.

Disfruté cada abrazo, cada caricia, esos pequeños gestos que me recordaban que era la mujer más afortunada del mundo. Los dibujos que me hacían a veces con colores fuera de lugar, y que me transformaban en alguien más grande que ellos; un personaje con capa, ¡su propia superheroína! Esos pequeños detalles se convirtieron en las obras maestras más valiosas que mi corazón pudiera atesorar.

Y qué decir de esos momentos en los que jugábamos tirados en el suelo, riendo hasta no poder más, inventando mundos en los que todo era posible. Me encantaba abrazarlos antes que entraran al colegio y, con una sonrisa, les decía:

lauraayala.sobrehumano@gmail.com

—*Andá, disfrutá y jugá; cuando salgas, estaré aquí.* — En esos instantes sabía que estaba sembrando en ellos la confianza y la seguridad para enfrentarse al mundo sin miedo.

Cada cumpleaños era una fiesta de risas y recuerdos, cada salida al parque o al zoológico era una aventura que se quedaba grabada en sus corazones y en el mío. Porque no eran solo días, eran momentos mágicos que sin darnos cuenta, construían un vínculo tan fuerte como el hierro, forjado a base de amor y vivencias que no se olvidan.

He disfrutado cada segundo al verlos crecer, al ver cómo se convirtieron en esos seres increíbles que son hoy. A veces, me sorprenden con sus consejos, y en esos momentos me pregunto: *"¿Cuándo se volvieron tan sabios?"* Pero claro, esa sabiduría ya estaba ahí, como una semilla que con el tiempo, ha empezado a brotar.

Los he amado en sus momentos de gloria, como cuando se recibieron—¡ese fue uno de los días más felices de mi vida! —Pero también los he amado en sus momentos de caída, cuando vinieron a mí con las rodillas raspadas, literalmente, después de haberse tropezado en el camino. Pero lo que más me llena, lo que realmente genera sensaciones en lo más profundo de mi ser, es escuchar sus voces con esa calidez, cuando me dicen: *"¡Hola, mami!"*

Esas palabras, tan simples, pero tan poderosas, son como un bálsamo para mi alma, un recordatorio de que, aunque la vida nos haya puesto a prueba de tantas maneras, el vínculo que tenemos es indestructible. Es en esos momentos donde el amor que compartimos se convierte en el agua que sacia mi vida, y, sinceramente, no podría estar más agradecida de ser su madre.

El legado que quiero dejarles va mucho más allá de las cosas materiales o de trofeos brillantes. Lo que realmente quiero, lo que me gustaría que lleven consigo siempre, es una herencia que no se ve, pero que se siente: un patrimonio emocional y espiritual que los acompañe dondequiera que vayan.

lauraayala.sobrehumano@gmail.com

Quiero que sepan, con cada fibra de su ser, que el amor es la fuerza más poderosa que existe. Y que la verdadera grandeza no está en los premios, las medallas ni los títulos. La verdadera grandeza está en la capacidad de amar sin medida, de ser compasivos incluso cuando todo parece perdido, de perdonar cuando nos hemos sentido heridos, y de levantarnos una y otra vez, especialmente cuando la vida nos golpea con su dureza. Porque, al final, la resiliencia es lo que realmente nos define.

Quiero que entiendan que las dificultades no están aquí para frenarnos, sino para hacernos más fuertes, para recordarnos de qué estamos hechos. Espero que lleven dentro la certeza de que, por más tormentas que enfrenten, siempre encontrarán esa corriente interna que los impulsa y que nunca se apaga. Esa energía se alimenta de la fe, de la esperanza, pero sobre todo de la gratitud.

Me gustaría que recuerden que, así como Dios me puso en el camino a personas que me guiaron, ellos también pueden ser ese ángel para alguien más, listos para brindar apoyo y amor en los momentos más

lauraayala.sobrehumano@gmail.com

oscuros. Mi mayor deseo es que mis hijos vivan con un corazón lleno de correspondencia y que nunca olviden que fueron criados con un amor que no entiende de condiciones, con la fuerza de una madre que jamás dejó de creer en ellos.

Quiero que sepan que, al cuidarse y amarse a sí mismos, también están honrando todo lo que juntos construimos. ¡Que sean felices! Que vivan con propósito y, al final, que recuerden que lo más valioso que les dejé no fueron los sacrificios, sino el amor incondicional y la fe que siempre deposité en sus capacidades para alcanzar una vida plena y en paz.

lauraayala.sobrehumano@gmail.com

Capítulo 8: El poder de una mentalidad feliz

Después de la pandemia, como muchos, tuve que reinventarme. Había pasado un año entero sin vender ni rentar. ¡Un verdadero caos para mi negocio inmobiliario! Sin embargo, gracias a Dios, la salud de mi familia permanecía intacta, y eso, aunque suene a cliché, era lo único que importaba.

Al salir de esa etapa tan temida, me di cuenta de que había que seguir trabajando, ¡y rápido! Fue entonces cuando una conocida, que sabía cómo me desempeñaba en el trabajo de los bienes raíces, me ofreció ser gerente comercial en su inmobiliaria.

A decir verdad, no me sentía nada cómoda trabajando para otro, pero bueno, la supervivencia era una prioridad por encima de todo. Y, aunque sentía que perdía parte de mi esencia, era a cambio de un poco de estabilidad.

lauraayala.sobrehumano@gmail.com

Por esos días, algo en mi interior me decía que la familia no iba a durar mucho más bajo el mismo techo. Así que, cuando surgió la oportunidad de festejar el cumpleaños de mi pequeña en el Caribe, ¡hicimos planes para ir todos!

Pero, como suele pasar, el destino tenía otros planes. El desequilibrio económico de la dueña de la inmobiliaria me dejó sin trabajo. Sin aviso previo, me dijo que no podía pagarme el mes trabajado. Y, aunque me sentí completamente liberada, mis hijos entraron en pánico.

—¿Y ahora qué vamos a hacer con el viaje? —preguntó mi hija Fiamma, con la preocupación reflejada en su rostro.

—¡No te preocupes! —le respondí como la madre guerrera que soy —*Esto solo confirma que debo trabajar para mí, nada de estar bajo el mando de otros.*

Sonreí para darles tranquilidad, mientras pensaba que esa era mi oportunidad de volver a la cancha.

lauraayala.sobrehumano@gmail.com

Mi hija, sin embargo, no dejaba de preocuparse:

—*¿Y el dinero que pagaste del viaje? ¿Qué va a pasar ahora?*

En ese momento sentí una conexión profunda conmigo misma, y le dije:

—*Tengo tres meses para pagar lo que falta, y no voy a preocuparme, ¡me voy a ocupar!*

Pero ella, fiel a su naturaleza, seguía repitiendo que la plata era mucha. Le respondí en tono juguetón:

—*Jamás les he fallado, y menos ahora que ya tengo el 50% pago. ¡Esto va a ser pan comido!*

Pero ella, con cara seria, me miró y me dijo:

—*¡Te hablo en serio, mamá!*

Ella tenía razón en preocuparse: La realidad era simple y cruel. Había que vivir, comer, y pagar el techo. La presión era insoportable, pero me negaba a rendirme. Mis hijos necesitaban ver que, a pesar de todo, yo era capaz de mantener el control. ¡No podía fallarles ahora! Así que, entre susurros, cerré los ojos y pedí al cielo que me ayudara, con toda la fe que tenía. *"Por favor, dame una oportunidad más. Ayúdame a conseguirlo."*

Lo que sucedió después fue nada menos que un milagro, y eso me llevó a trabajar en consecuencia. Dos días antes de la fecha límite, con el alma en vilo, logré reunir el dinero y pagar. Era casi increíble, la fe ciega lo había logrado justo a tiempo. El alivio me recorrió como un rayo, y el peso en mi pecho pareció aligerarse, aunque solo fuera por un instante.

Porque había un gran problema: solo me quedaban USD 120 para el viaje, y ni un solo centavo más. El futuro seguía siendo incierto, y se ponía peor: no teníamos nada de dinero en el fondo para cuando regresáramos. Mi hija, que ya había captado la magnitud de la situación, no tardó en expresarse, con su voz temblorosa pero llena de preocupación.

lauraayala.sobrehumano@gmail.com

—¿*Vas a pagar todo eso? ¿y con qué vamos a vivir cuando volvamos?* —sus ojos estaban llenos de miedo.

Fue como si el tiempo se hubiera detenido por un segundo. Vi el miedo reflejado en su cara, pero con una calma que no sabía de dónde sacaba fuerzas para mantener, la miré a los ojos y respondí con toda la seguridad que pude reunir:

—*Confíen en mí. Todo va a estar bien. No voy a preocuparme de eso, ¡Me voy a ocupar! Así que trabajaré en consecuencia.*

Mis palabras sonaban más firmes de lo que realmente sentía, pero ¿qué más podía decir? Tenía que mantener la fe, no solo por mí, sino por ellos. La preocupación seguía rondando en el aire, como un espectro que no se iba, y aunque traté de sonreír, me costaba sentir la paz que quería transmitirles. Mi hija no estaba convencida.

—*Mamá, es mucha plata lo que falta…* —insistió, y esa frase me hizo ver lo preocupada que estaba.

lauraayala.sobrehumano@gmail.com

Mi mente comenzó a girar, intentando encontrar una salida a ese laberinto sin fin. Pero respiré profundamente, me concentré y, con una sonrisa irónica, le dije:

—*Mira, ya he pasado por cosas más difíciles y siempre encuentro la forma. Confía en mí, cariño.*

El silencio se instaló por un momento, solo interrumpido por el murmullo de la ansiedad. Sabía que tenía que ser fuerte. Porque al final, todo dependía de mí.

Al llegar a Punta Cana, nos sumergimos en la experiencia del "todo incluido". Pasamos 9 días en el paraíso, y con esos USD 120, logramos hacer dos excursiones épicas, ¡mis hijos se transformaron en grandes negociadores y el disfrute fue genial!

La primera excursión fue disfrutar ¡los buggies más emocionantes de la historia! Y luego, ellos se subieron a una lancha para conocer una isla paradisíaca.

lauraayala.sobrehumano@gmail.com

¡El cumpleaños de mi hija fue de película! Estábamos todos juntos, disfrutando del sol, la arena y la naturaleza. ¡Era todo lo que necesitábamos! Nos lo merecíamos.

Y como si fuera un golpe de suerte, que no lo fue, porque yo seguía trabajando en eso; en el cuarto día de estar en el hotel, mi cliente me llamó. Habíamos estado negociando unos días antes, y finalmente me dijo que estaba listo para comprar un departamento que tenía en venta. ¡Lo increíble es que cerró el trato justo el día 20, al día siguiente de mi regreso! Regresamos llenos de felicidad, y al día siguiente, con una sonrisa que no podía esconder, cerré esa operación inmobiliaria increíble, gestionada directamente desde el Caribe.

Sin embargo, lo más revelador de todo era lo que mi corazón ya sabía en lo más profundo: las cosas nunca volverían a ser como antes. Mi hijo, con la mirada fija en el horizonte, partiría el año siguiente hacia Dubái para empezar una nueva vida allí. Ese viaje, ese tiempo juntos, había sido nuestra última

lauraayala.sobrehumano@gmail.com

oportunidad para disfrutar de la familia unida antes de que los cambios inevitables llegaran y transformaran todo nuestro alrededor, marcando el final de una etapa que ya no volvería. Lo que mis hijos aprendieron en ese viaje, es algo que llevo tatuado en el alma: *la magia existe, pero solo si trabajamos para hacerla realidad.*

Experiencias como esta han transformado mi manera de ver la vida. Ahora confío más en mí misma, mi autoestima ha subido como la espuma. Me reconozco como una persona suficiente, confiada e inteligente. Escucho a mi corazón y mi alma, y por fin, estoy disfrutando de la vida sin miedo, y con la certeza de que todo va a estar bien.

Cuando miro hacia atrás, a la Laura de los 30, la veo como un torbellino de emoción, una mujer que se debatía entre el caos y el amor. ¡Qué época! Era tan efervescente, tan llena de energía, pero también tan inmersa en la lucha, como si cada día fuera una batalla que librar. Mi corazón estaba siempre al frente, pero mi mente no tenía la claridad que tengo ahora.

lauraayala.sobrehumano@gmail.com

Era una Laura menos culta, menos sabia, más cegada por el sacrificio. Todo lo que hacía era por mis hijos, para que tuvieran lo mejor, para que estuvieran a salvo, para ver esos destellos de sueños en sus ojos y sentir que, en el fondo, mi misión en esta vida era darles todo. Cada día era como una carrera sin fin.

Luego llegaron los 40, y con ellos, una especie de despertar. Miré atrás y vi todo lo que había logrado a través de ellos: sus sonrisas, sus sueños hechos realidad. Al darles lo mejor de mí, también vi que algo en mí había florecido. Comencé a darme cuenta de que no solo existía para cuidarles. También merecía cuidarme yo. No fue un cambio radical, no fue un "clic" instantáneo, pero poco a poco, me fui entendiendo. Me fui queriendo. Y eso, ¡es todo un descubrimiento!

Hacia el final de esa década, empecé a reflexionar sobre lo que realmente quería para mi vida. No para ellos, sino para mí. Mi tiempo, mi amor, mis sacrificios no habían sido en vano. Mis hijos ya

lauraayala.sobrehumano@gmail.com

estaban grandes, podían conseguir lo que siempre quise darles, lo que había dejado en ellos, era suficiente. Lo había hecho con todo mi corazón, y eso, créanme, ¡es más que suficiente!

A los 51 años, me di cuenta de algo revelador: ¡ya no todo tiene que ser sacrificio, sudor y lágrimas! He aprendido que también merezco lo bueno, que merezco recibir, y que soy suficiente tal como soy.

Ahora estoy en un camino diferente, uno donde puedo disfrutar un poco más, donde la vida me lleva por donde quiere, y yo solo voy con ella, sin esa pesada carga de tener que ser siempre quien lo haga todo. Por supuesto, aún hay mucho por aprender, pero ya no desde el esfuerzo desgastante, sino con gratitud y amor propio. ¡Menuda diferencia!

Trabajo hoy para que la Laura de los 60 pueda disfrutar de la paz que le espera. No como premio por todo lo que ha pasado, sino como consecuencia natural de haber aprendido a amarse. Porque si algo sé ahora con certeza, es que siempre he sido suficiente, y que la felicidad no es algo que se busca

lauraayala.sobrehumano@gmail.com

a toda costa, sino algo que se reconoce, como si siempre hubiera estado ahí, esperando ser vista.

La felicidad, al igual que la fortaleza, la valentía y el amor que he sembrado en cada paso de este viaje, está dentro de mí. Y lo más importante que he aprendido en este tránsito por la vida es que la verdadera clave está en mantener esa mentalidad feliz. ¡Eso es lo que realmente hace la diferencia!

Una mentalidad feliz no es algo que se encuentra detrás de los arrepentimientos ni un destino que alcanzas solo por haber atravesado montañas de dificultades. Es más bien una elección diaria, una decisión consciente que tomas, sin importar lo que hayas vivido. Porque, al final, la felicidad no depende de lo que posees ni de lo que has sufrido, sino de cómo eliges enfrentar cada día, cada reto y cada sorpresa que la vida te pone en el camino.

Hubo un tiempo en que creí que la vida era un campo de batalla, donde la única forma de avanzar era sacrificando todo. Pero hoy, con 51 años y una buena dosis de risas y cicatrices, entiendo algo

lauraayala.sobrehumano@gmail.com

mucho más liberador: la felicidad puede florecer incluso en medio de la tormenta. No se trata de ignorar el dolor, sino de darle la bienvenida, de aprender lo que tiene que enseñarte y, cuando ya ha cumplido su rol, soltarlo como quien suelta una hoja al viento.

Una mentalidad feliz no borra tus problemas, pero sí cambia tu mirada. Te da la capacidad de ver más allá de lo que te duele o de lo que te falta, y te ayuda a enfocarte en lo que realmente importa: el amor, la gratitud y, sobre todo, la paz interior.

He descubierto que la felicidad no se construye desde la perfección, sino desde la aceptación. Aceptarme tal como soy, con todo lo que me hace única y con la certeza de que merezco todo lo bueno que la vida tiene para ofrecerme. No porque haya pasado por pruebas, sino porque soy lo suficientemente valiosa para recibirlo, ¡y eso es algo que ya no me voy a cuestionar!

Hoy elijo ser feliz, no porque mi vida sea un camino de rosas (¡quién no sabe que la vida tiene sus

lauraayala.sobrehumano@gmail.com

giros!), sino porque he aprendido que la verdadera fortaleza está en mantener la mente positiva, en ver la magia en los pequeños detalles, y en abrazar cada día como una nueva oportunidad para crecer y ser mejor.

La mentalidad feliz es como la cuerda del ancla que me mantiene firme, pero también flexible, para seguir construyendo mi vida sin perder el rumbo. Esa decisión de ser feliz me permite mirar hacia el futuro con una sonrisa, sabiendo que aún hay un mundo entero por descubrir, montones de momentos para disfrutar y mucho más por dar.

Cuando mi hijo se fue a vivir al extranjero, lo hizo con poco dinero, y en poco tiempo perdimos la comunicación porque perdió su celular. Como cualquier madre, me angustié muchísimo, pero en lugar de quedarme estancada en la preocupación, mi mente empezó a buscar soluciones al instante. Decidimos que viajaríamos a Dubái, y nos cercioraríamos de primera mano que mi hijo estuviera bien.

lauraayala.sobrehumano@gmail.com

Mi hija y yo nos convertimos en expertas en buscar vuelos económicos, ¡porque éramos tres personas! Y había que pensar también en la estadía y la comida en Dubái, no solamente en los vuelos. En ese momento mi país, Argentina, estaba en plena crisis (algo que solo los venezolanos pueden entender en carne propia), y el trabajo escaseaba como el agua en el desierto.

Pero en mi corazón, yo sabía que Dios me iba a devolver el abrazo de mi hijo, que volvería a sentir la suavidad de su rostro contra mi mejilla, a acariciar su pelo y a saber que estaba realmente bien. Mi mente estaba entrenada para esperar cosas buenas, por eso mantenía intacta la fe y la esperanza. A pesar de que mi hija me decía que no íbamos a lograrlo, porque le parecía una hazaña imposible, yo insistía:

—¡Ayúdame, Fiamma, sigamos buscando! *Sé que ya se va a dar*.

Mi mente seguía alerta, como un radar sin descanso. No escuchaba ni una sola negativa. Cuando me decían que no se podía, mi fortaleza interna me gritaba:

—¡Sí se puede!

Repetía "sí, sí, sí" como un mantra para bloquear las dudas y seguía diciendo:

—¡Sigamos buscando!— mientras me reía por dentro, sabiendo que mi hija se frustraba.

Yo mantenía firme mi certeza de que todo iba a salir bien. Era la mentalidad feliz trabajando a mi favor. Y de ese modo, entre noviembre y diciembre, vendí 8 propiedades y algunas rentas. El resultado fue un hermoso reencuentro familiar. Tal como lo había imaginado tanto, sentí el latir del corazón de mi hijo de nuevo, y disfruté la sensación de tenerlo cerca. Se materializaba así lo que mi mente había dibujado en mi espíritu.

Mantener una mentalidad feliz lo cambia todo. Porque, aunque el día amanezca nublado, tu mente siempre encuentra una forma de disfrutarlo. Y

lauraayala.sobrehumano@gmail.com

cuando hay un problema por resolver que no tiene una solución inmediata, te ríes de la situación, ¡y eso es lo mejor! porque tu mente entiende que todo se va a acomodar de la mejor manera para todos los involucrados. De esa manera, sin expectativas pesimistas, y sin frustración. Simplemente fluyes con la vida, porque sabes que todo va a estar bien.

Esta mentalidad ha sido clave para todo lo que he logrado. Me caracteriza una fuerza imparable, una perseverancia que he ido cultivando con los años, sostenida por una mente feliz. Porque admitámoslo, ¡las esperas son mucho más divertidas cuando uno tiene una actitud positiva!

Los aprendizajes, las vivencias, todo se vuelve más llevadero cuando decidimos enfocarnos en lo bueno. Y eso es lo que trato de hacer con cada situación: encontrar su lado optimista, su chispa de alegría.

Me encanta hablar con la gente, cambiarles el día, hacerlos reír, terminar cada conversación con un abrazo que los deje a todos más ligeros. Esos momentos me llenan de energía.

lauraayala.sobrehumano@gmail.com

Hay una cosa que quiero, y estoy totalmente segura de que lo lograré: construir mi propia casa, a mi manera, tal y como siempre la soñé. He perdido muchas casas injustamente a lo largo de los años, y en un momento dado, me vi en la calle con mis hijos, sin un techo seguro, pero nunca dejé que eso me detuviera. Al contrario, fue el impulso que necesitaba.

Decidí que no iba a ser una víctima de las circunstancias. Así que me lancé a estudiar, a especializarme, a aprender todo lo que pudiera sobre construcción, diseño y emprendimientos inmobiliarios. Porque sé que el camino no solo se trata de levantarse después de caer, sino de tener la visión clara de lo que quiero y no parar hasta conseguirlo.

Mi hogar más que un lugar físico será un reflejo de mi esfuerzo, de mis sueños y de la pasión que pongo en todo lo que hago. Mi camino recién comienza, y aunque va sin prisa, ¡no va a frenar! Porque, al final, el éxito de cada quien es único.

lauraayala.sobrehumano@gmail.com

Para mí, el éxito tiene dos etapas: la primera, la que ya logré. Mis hijos son mi reflejo, son solidarios, generosos, brillantes. La gente los adora, y no solo eso, ¡también ayudan a otros a crecer!

Recuerdo una vez que mi pequeña Makarey estaba en casa, y vino un señor a destapar las cañerías. Al verla, el hombre le dijo:

—Estudia, porque yo no tengo otra opción y por eso estoy aquí.

Mi hija, con su sabiduría de niña, le dio una lección que lo dejó mudo.

—*Es cierto que debo estudiar. Y lo hago apasionadamente... Pero no es cierto que no tengas otra opción. Todos tenemos opciones, solo que a veces no las vemos porque estamos demasiado enfocados en lo que no tenemos.*

lauraayala.sobrehumano@gmail.com

El hombre se quedó de una pieza al escuchar su respuesta. Evidentemente no esperaba ese comentario de una niña.

—*¡Tú también puedes estudiar!* —Siguió ella— *mi mamá lo hizo siendo mayor… Si tú estudias y sigues aprendiendo, vas a encontrar un montón de puertas abiertas. La vida no se trata solo de hacer lo que ya sabemos hacer, sino de explorar lo que podemos llegar a hacer. No hay ningún problema en que tú seas plomero si amas lo que haces, pero si deseas otra cosa, puedes lograr mucho más si te lo propones. ¡Nunca dejes de aprender!*

El hombre, al escucharla, se sintió tan tocado que le agradeció y le prometió que seguiría su consejo. Yo me sonreí al escucharla. ¡Estaba liberando gente también! Y lo hacía con gracia y elegancia en cada palabra.

La segunda etapa acaba de comenzar, aunque en realidad, llevo un buen tiempo intentando ponerla en marcha: Se trata de implementar un trabajo colaborativo. Es algo que se menciona mucho en mi país, aunque a veces bajo nombres legales tan complicados que suenan a otra cosa, pero que abarca todo lo que sé y he aprendido. Aunque sigo capacitándome y asimilando. Se trata de lograr la unificación de esfuerzos para apalancar el trabajo de la construcción.

La verdad, siempre he creído que la colaboración es la clave, pero convencer a otros de que es posible… ese es otro tema.

Al principio, cuando empecé a hablar con la gente para sumarlos a mi idea, lo único que conseguía eran risas y comentarios desalentadores. ¡Quién diría que querer construir algo grande sería considerado una locura! A veces sentía que me miraban como si fuera una especie de broma ambulante. Me llegaron a preguntar si había tomado algo raro, y se alejaban de mí como si pudiera contagiarles una extraña enfermedad. ¡Pero eso no me detuvo!

La vida es así, a veces te ridiculizan antes que el sueño se haga realidad. Hoy, cuando me encuentro con algunos de esos que se reían, todavía hay quienes no

lauraayala.sobrehumano@gmail.com

pueden evitar soltar una risa nerviosa. Yo, por supuesto, sigo adelante, sin darle importancia a las bromas. Porque lo que me motiva es saber que sigo avanzando, y cada vez con más fundamento.

Claro, hay quienes me dicen:

—*Me parece una buena idea, pero lo más difícil es conseguir inversores.*

Y yo los miro y veo esa expresión de "Sí, como toda buena idea". Pero me emociona saber que cada vez estoy más cerca de lograrlo de lo que ellos creen. No voy a rendirme. Lo que hace falta en este mundo de bienes raíces no es solo una buena idea, sino un giro con alma, y eso es exactamente lo que voy a hacer. Soy diseñadora, manejadora de obras (M.M.O.), martillera, corredora inmobiliaria y especialista en negociación.

He estudiado cada rincón de este mundo de los inmuebles, y ahora estoy lista para implementar proyectos que sean rentables, y que también dejen una huella significativa en el entorno. Cada paso que doy

lauraayala.sobrehumano@gmail.com

es más firme, y sé que este camino atraerá a las personas que entiendan lo que significa transformar una visión en realidad.

Sé que hay gente que anda en búsqueda de proyectos con propósito, con solidez y, sobre todo, con un alma que los haga diferentes, y quizá se encuentren conmigo a través de estas páginas. Todo es posible, y estoy abierta a posibilidades. Si de algo estoy segura es que esto ¡Apenas comienza, y se pone bueno!

Tengo un gran maestro y guía, alguien que está siempre allí, aportándome un poquito más cada día, porque sabe que hablo muy en serio. A pesar de sus propios temas personales, nunca falta cuando lo necesito. Es un arquitecto excepcional, al que admiro profundamente.

Se ha convertido en un buen amigo, uno de esos que respeta a todos, y lo mejor, ¡Todos lo quieren! German sabe que mi sueño es la obra en construcción. La siento como si fuera mi mejor perfume, una fragancia que llevo impregnada en cada rincón de mi ser. Siempre que tengo dudas, lo consulto, y él está ahí,

lauraayala.sobrehumano@gmail.com

dispuesto a enseñarme y a compartir su vasto conocimiento. A veces, debatimos; otras, nos sumergimos en conversaciones sobre palieres, nuevos materiales, o cómo nos gustaría diseñar cada rincón de esos edificios que cobran vida con nuestra visión.

Sé que vamos a trabajar juntos, y aunque él no lo ve cercano aún, yo ya lo siento al alcance de la mano. Veo el nacimiento y el final de cada proyecto. Los recorro desde la concepción hasta el momento mágico en que la llave llega a las manos de mis clientes transformados en dueños. Esa es la parte que más disfruto: cuando un edificio empieza a respirar, a ser, a vivir.

Me siento totalmente capacitada, rodeada de los mejores profesionales. Tengo la experiencia y la certeza exacta de lo que es necesario para ofrecer comodidad, pero, sobre todo, para crear hogares donde la felicidad se sienta en cada rincón. Porque no quiero construir casas solamente, quiero hacer hogares, espacios que realmente transformen vidas. Y sé que lo lograré, porque la perseverancia y el compromiso son mis aliados. Y con una buena dosis

lauraayala.sobrehumano@gmail.com

de pasión y fortaleza, sé que tengo el cóctel perfecto para hacer realidad lo que muchos solo sueñan.

Para mantenerme positiva y en paz, me entrego a la meditación. Creo firmemente en mi conexión con el universo, en mis ángeles, que me guían y protegen. No sigo ninguna religión institucional, más que la que yo misma he creado, una fe basada en el amor, en Dios y en el universo. Creo que todos estamos hermanados, que venimos de la misma esencia, y que, al final del día, solo nos llevamos lo que hemos vivido. Entonces, vivo con esta declaración: *"Sin nada llegamos y sin nada nos vamos, entonces... hagamos lo mejor cada día para tener una vida gloriosa"*.

Mi postura es simple: cada día me esfuerzo por ser la mejor versión de mí misma. Me instruyo constantemente, porque el conocimiento nunca está de más. Cuando el cansancio no me permite leer, escucho audiolibros. Cuido mi cuerpo, mi mente, y siempre busco momentos para reunirme con amigos. Sin embargo, no le huyo a la soledad, he aprendido a verla como mi mejor aliada. Es en esos momentos a solas, que me encuentro, me centro y me aliento para seguir adelante.

Para mantener mi mente en modo feliz, me despierto muy temprano cada mañana, agradeciendo en silencio por el simple hecho de abrir los ojos y por tener a mis hijos con salud. Agradezco mi bienestar y mi vida, a Dios, y al universo. Agradezco por todos mis ángeles y guías. Luego, inmediatamente, me sumerjo en una meditación que me llene de paz y claridad.

A continuación, leo un fragmento inspirador del libro que tenga en mis manos, y con cada palabra, declaro que hoy será un día maravilloso. A veces pego frases motivadoras en las puertas de mi armario, y las repito en mi mente, para que me llenen de energía positiva. Con este ritual me siento lista para enfrentar el día con el corazón pleno.

Luego me levanto y mimo a nuestro amado perrito, Mango, ese compañero incondicional que, con solo vernos, se llena de alegría. Es increíble cómo su felicidad se contagia, ¡y qué decir de cómo hace sonreír a mi hija Makarey! Después de eso, cuando mi niña se

lauraayala.sobrehumano@gmail.com

despierta, no puedo evitar sentirme emocionada por su abrazo, un gesto que siempre ilumina mi mañana. Le doy un beso y acaricio su cabecita con cariño. Desayunamos juntas, como cada mañana, compartiendo risas y momentos que nos conectan profundamente.

Después, cada una sigue su rumbo: ella se va a su colegio, y yo me sumerjo en mi trabajo con la mente llena de objetivos, gestionando correos y consultas con una sonrisa que nunca me falta. ¡Nunca me verás sin una sonrisa!

Mi mente feliz es mi motor. Es lo que siempre me mantiene gozosa, y lista para abrazar todo lo que la vida me ofrece.

lauraayala.sobrehumano@gmail.com

Epílogo: Continuando el Viaje

Siempre que podíamos cenar juntos o pasar los fines de semana en familia, me encargaba de cocinar, y cada vez que nos sentábamos a la mesa, mis hijos, con su espontaneidad de siempre, me decían: "Gracias, mami, está muy rico". Esas palabras salían de lo más profundo de sus corazones, y me sacaban una sonrisa genuina, porque era un agradecimiento puro y simple, sin pretensiones.

Pero el primer Día de la Madre que pasamos todos juntos, después de tanto caos, me sorprendieron de una manera que jamás olvidaré. Entre todos, prepararon la primera torta para mí. Tomás, con su toque de chef, cocinó la base y, entre Fiamma y Makarey, decoraron la torta con las frutillas más grandes que pudieran encontrar, sobre una capa de crema y rellena de dulce de leche, mi favorito.

Fue el primer momento en que me di cuenta de lo mucho que habían crecido, y en ese instante me

lauraayala.sobrehumano@gmail.com

sentí como una niña consentida, abrazada por su amor. Ellos trataban de mantener la sorpresa, con esa picardía propia de los niños, y me decían: *"¡No abras la heladera!"* Yo, haciendo un esfuerzo sobrehumano para no arruinarles el momento, me contenía y me hacía la desentendida.

Finalmente, cuando todo estuvo listo, llegaron a mi habitación, y al girarme, ahí estaban: tres caritas brillando de emoción detrás de esa torta. No pude evitar lanzarme hacia ellos, cubriéndolos de besos, mientras mi corazón se derretía con tanto amor. Y la torta... ¡simplemente la más exquisita de todas! Tomás el chefcito, los dibujitos de Makarey, las rosas y las canciones de Fiamma, coronándome como la mejor mamá!

Cada día con ellos era un regalo, un día más para atesorar. Vivíamos en un cúmulo de risas, cosquillas, cuentos hasta que se quedaban dormidos; no faltaban las caricias en sus cabecitas, mimos, abrazos... ¡Ese es el verdadero amor, el que te llena el alma! Ellos fueron los que hicieron que esta vida

lauraayala.sobrehumano@gmail.com

funcionara, mis pilares, mis razones. Estoy inmensamente orgullosa de ellos.

La familia, como la vida misma, va cambiando, transformándose. Hoy, nuestra familia se ha hecho más grande, pero a la vez más pequeña. En la casa solo somos tres: Makarey, Mango y yo. Los otros hijos, cada uno con su vida y su camino, están creciendo a su manera. Pero sé que, cuando todos ellos hayan formado sus propios caminos, haremos algo que siempre pensamos. ¡Nos juntaremos en cada Navidad a pasarla en alguna parte del mundo, que nos una a todos!

La vida me ha enseñado que no hay un final definitivo, no existen puntos finales, solo pausas en las que respiramos hondo y miramos hacia atrás para ver cuánto hemos crecido, cuántas batallas hemos librado y cuántas más aún nos esperan. Son momentos en los que nos detenemos para reflexionar, asimilar las lecciones aprendidas y permitir que nuestra alma descanse antes de seguir adelante.

lauraayala.sobrehumano@gmail.com

La vida sigue, siempre en movimiento, siempre cambiando, y nosotros debemos avanzar con ella, porque cada paso, por pequeño que sea, nos lleva más cerca de nuestra mejor versión. En ese avance constante, encontramos nuestro verdadero propósito, y comprendemos que la evolución no tiene límite. Siempre podemos ser más, hacer más, y soñar más. Es un viaje sin destino final, donde lo que importa no es el llegar, sino el caminar, el crecer, y el aprender con cada paso que damos.

En este viaje, mi resiliencia y mi visión de futuro han sido los pilares en que he construido mi presente y sobre los que continúo edificando mi mañana. Cuanto más resistente me he vuelto, más he sido capaz de adaptarme a las circunstancias, he aprendido a abrazar el cambio y a ver en él una oportunidad, en lugar de un obstáculo. He descubierto que cada desafío, cada caída, lleva consigo una semilla de crecimiento, una lección invaluable que me invita a aprender y a evolucionar.

Comprendí que los obstáculos no son muros insuperables, sino puertas disfrazadas que, una vez

lauraayala.sobrehumano@gmail.com

abiertas, revelan un mundo lleno de posibilidades. Cada dificultad que he enfrentado ha sido una invitación a expandir mis horizontes y a mirar más allá de lo evidente. Esta capacidad de adaptarme me ha fortalecido, y también me ha permitido ser una guía bendita para aquellos que se encuentran en medio de sus propias batallas y tormentas.

Desde ese lugar de profunda comprensión, puedo tender la mano y ofrecer apoyo, porque sé que el sufrimiento también es parte de la vida, pero no tiene que ser el final de nuestra historia. En lugar de eso, puede ser el comienzo de un nuevo capítulo, lleno de esperanza y renovación.

Aunque la vida esté llena de transiciones y momentos de incertidumbre, siempre hay una luz que se divisa al final. Así fue cuando mi hijo decidió irse a vivir al extranjero, pensé que había llegado el fin de mi alegría. Su partida me dejó un vacío inmenso, y sentí que una parte de mí se desvanecía. Pero al ver su sonrisa, al contemplar su felicidad y su triunfo, todo cambió dentro de mí.

lauraayala.sobrehumano@gmail.com

En ese instante comprendí que la verdadera felicidad no radica en mantener a nuestros seres queridos cerca, sino en darles alas para que vuelen. Es un acto de amor profundo y generoso verlos disfrutar de sus propias vidas, enfrentar sus desafíos y lograr sus sueños. Esa realización me dio una paz inmensa y, como un nuevo amanecer, me impulsó a seguir creciendo.

A partir de entender eso, decidí aprender nuevas cosas, rompiendo barreras que antes me parecían inquebrantables. Estudiar inglés se convirtió en un símbolo de mi independencia; un paso hacia la libertad para poder valerme por mí misma cuando lo visite. Es mi forma de crecer, por medio de una experiencia que al principio no fue agradable.

Soy independiente, pero siento que quiero abrirme a nuevos mundos, conocer gente nueva, escuchar historias que alimenten mi espíritu y ayudar personas de otras partes del mundo. Esta conexión con la gente me llena de esperanza y propósito, y me recuerda que, aunque las distancias físicas pueden separarnos, el amor siempre nos une.

lauraayala.sobrehumano@gmail.com

Hoy tengo nuevos proyectos en marcha. Algunos están relacionados con mi profesión, donde he encontrado mi voz y mi lugar, mientras que otros conectan con mi esencia más pura y creativa. Estos proyectos son una extensión de mi ser, de mi deseo de hacer una diferencia en la vida de los demás.

Mis objetivos y metas, hoy giran en torno a encontrar —y que me encuentren— esas oportunidades que busco constantemente, fundamentales para sacar adelante mis proyectos inmobiliarios. Quiero ver en acción a ese gran equipo de profesionales que he seleccionado con lupa por su experiencia, responsabilidad, dedicación, calidad de trabajo, humanidad y, por supuesto, esa chispa de pasión que convierte cada tarea en algo extraordinario, con una mirada holística, versátil y vanguardista.

Ya contaré de mi nuevo propósito…

Por mi parte, yo seguiré con mis manos abiertas. Disfruto, recibo y acepto lo que la vida me ofrece, porque sé que merezco todo lo bueno que el

lauraayala.sobrehumano@gmail.com

universo tiene reservado para mí. El viaje de la vida es un hermoso entramado de experiencias y conexiones, y estoy lista para abrazar lo que venga, con el corazón abierto y el espíritu elevado.

En este transitar de autodescubrimiento y transformación, se llega a un punto en el que cada experiencia se convierte en una lección valiosa. Cuando alguien me pregunta: *"¿Qué le dirías a aquellos que están luchando?"*

Tras una profunda reflexión, encuentro que mi respuesta es sencilla, pero llena de amor y esperanza: les diría que no están solos. Estoy aquí, lista para escucharlos, para compartir un momento de esperanza, tal como otros lo hicieron conmigo cuando más lo necesitaba.

La vida es un aprendizaje continuo, una travesía que no es mala ni buena; simplemente es. Todo es cuestión de perspectiva. He aprendido a reír incluso cuando las lágrimas estaban cerca. Esa risa, ese acto de resistencia, me ha enseñado a mantener mi corazón lleno de esperanza y gratitud. Confío en el

lauraayala.sobrehumano@gmail.com

proceso, en Dios y su plan, en el universo infinito y en mis ángeles compañeros que siempre me guían.

El verdadero éxito, a mis ojos, no radica en acumular más, sino en vivir plenamente cada segundo que tenemos. El éxito es perdonar, soltar y viajar ligero, dejando atrás lo que ya no nos sirve. Es vivir con la conciencia tranquila, sabiendo que hicimos lo mejor que pudimos con lo que teníamos en cada momento.

Ser feliz no es una meta que se alcanza, sino un hábito, un estado del alma que se cultiva día a día. Yo decidí, con cada amanecer, ser feliz a pesar de todo lo que he atravesado. Porque al final del día, lo que realmente importa es cómo elegimos enfrentar la vida, y yo elijo abrazarla con amor, con gratitud y con una sonrisa en el corazón.

Me encuentro en el ahora frente a un futuro lleno de posibilidades. Cada aspecto de mi vida está en constante evolución, mis pensamientos, mis relaciones, mis emociones. Esa transformación me llena de emoción y esperanza. No estoy buscando mi camino, porque ya lo encontré. Ahora solo me

lauraayala.sobrehumano@gmail.com

queda transitarlo, disfrutarlo, compartirlo y seguir creciendo. Estoy lista para recibir todo lo que la vida me tiene reservado, porque lo merezco, porque lo he trabajado y porque confío en que siempre hay algo mejor por venir.

Para mis hijos, deseo que vivan sus vidas a su manera, dejando siempre un rastro de amistad y respeto por dondequiera que pasen. Que pidan en grande y que lo hagan sin miedo, porque el universo está siempre atento, esperando a escuchar sus sueños con cada detalle. Que vivan a lo grande, dejando su huella en cada paso, porque esta vida es única y no tiene vuelta atrás.

Quiero que nunca olviden que su madre siempre estuvo aquí, lista para envolverlos en un abrazo antes de dormir, para plantar un beso en sus mejillas y acariciarles el cabello hasta que caigan rendidos al sueño. Que recuerden los cuentos, las historias que inventábamos juntos y que para siempre, aquí estaré, amándolos incondicionalmente, con todo mi ser, uno por uno.

lauraayala.sobrehumano@gmail.com

A ti, que has caminado conmigo a lo largo de estas páginas, te invito a comenzar tu propio viaje. No importa dónde estés hoy, ni cuán difíciles parezcan las circunstancias. Todo comienza con una decisión: la de transformarte. Hazlo con fe, con esperanza y con una mentalidad feliz. Permítete caer, volverte a levantar y seguir caminando con el corazón lleno de gratitud. Al final, todos estamos aquí para aprender, para crecer y para ayudar a otros en este proceso.

Para caminar hacia adelante, necesitas mantener la mirada puesta en el horizonte. Si miras atrás, que sea solo para agradecer, para recordar con cariño a quienes hicieron su parte bien. El pasado es nuestra guía silenciosa, el maestro que nos enseña a decir NO con firmeza y a decir SÍ a lo que realmente nos impulsa.

Rían, disfruten, dejen que su alegría se vuelva contagiosa. Cuídense, no solo ahora, sino en cada versión de ustedes mismos: en la niña o el niño interior, en el adolescente curioso, en el adulto joven lleno de esperanzas, y así, en cada etapa. Regresen a abrazarse en cada momento de la vida, como si

lauraayala.sobrehumano@gmail.com

fuesen la madre de su propio pasado. Todo sana, todo cicatriza, y si el camino ha sido bueno, que eso les permita comprender a otros, empatizar, y ser un referente de lo positivo.

Es un acto de valentía poner nuestra historia frente a nosotros, ver cada suceso sin juzgar, y agradecer por la persona en la que nos hemos convertido. Sin nuestro pasado, no seríamos quienes somos hoy. Mi mayor deseo es que mi historia ilumine como una pequeña estrella en tu vida, alumbrando y sanando esas partes que estaban ocultas en algún rincón. Deseo con todo mi ser, que como yo, encuentres tu propósito, y te decidas a vivirlo.

Empieza tu propio viaje de transformación deseándolo de verdad, visualizándolo, y dándote el impulso para avanzar. Atrévete, persevera, y, sobre todo, pon cada uno de tus sueños en el mapa de tu vida, como metas claras. No se trata solo de esperar cambios: se trata de provocarlos. Cada paso, por pequeño que parezca, puede encender el siguiente. ¡Lánzate a vivir en grande!

lauraayala.sobrehumano@gmail.com

Cuando era niña, justo después de terminar los quehaceres —un ejército de platos que nunca se acababa—, me detuve a mirar la televisión desde el borde de la puerta, con cuidado, para no interrumpir a mi padre. En la pantalla, una mujer impresionante, con una cabellera larga y elegante, salía de un edificio enorme.

Llevaba un traje azul perfecto y caminaba con una confianza que casi atravesaba la pantalla. ¡Se veía tan segura, tan dueña de su mundo! Fueron solo unos segundos que duró la imagen, pero fue para mí como ver un destello de lo que quería en la vida.

Sentí que mi corazón daba un brinco. *"¡Quiero ser así cuando sea grande!"*, pensé, con toda la intensidad de una niña soñadora. A partir de ese momento, ella fue mi modelo mental de empresaria: alguien fuerte, decidida, y victoriosa, alguien que no dejaba que nada la detuviera.

Nos pueden encerrar el cuerpo, sí, pero los pensamientos... ¡esos no hay quien los atrape! Así

lauraayala.sobrehumano@gmail.com

que déjalos libres y verás cómo encuentran el camino para volverse realidad.

La vida está esperando por ti, llena de oportunidades que apenas comienzas a vislumbrar. No te limites a soñar, ¡También, actúa! Cada paso que des hacia adelante es una declaración de que crees en ti y en tu capacidad para crear un futuro brillante.

La transformación está únicamente a un paso de distancia; solo tienes que dar esa zancada con valentía y determinación. *¡Vamos juntos hacia este nuevo capítulo, donde cada día trae consigo la posibilidad de un nuevo comienzo!*

El viaje no termina aquí. Aquí es donde apenas comienza. En esta carrera de relevo que es la vida, ha llegado mi momento de pasarte el testigo, para que tú también hagas tu recorrido… *¿Estás listo?*

lauraayala.sobrehumano@gmail.com

………………..

Si por algún motivo deseas conectar conmigo, te comparto mi correo. Me gustaría leer tu historia, quizá algún día también la comparta con el mundo.
Si quieres conocer más acerca de mis proyectos inmobiliarios, o sumarte a ellos, no dudes en contactarme.

Laura Ayala "Bashira".
lauraayala.sobrehumano@gmail.com

………………..

Made in the USA
Middletown, DE
17 February 2025

71152941R00174